中国古代交通

李 楠 编著

中国商业出版社

图书在版编目（CIP）数据

中国古代交通 / 李楠编著. ——北京：中国商业出版社，2015.10（2021.1 重印）
ISBN 978-7-5044-9106-0

Ⅰ.①中… Ⅱ.①李… Ⅲ.①交通运输史-中国-古代 Ⅳ.①F512.9

中国版本图书馆 CIP 数据核字（2015）第 214172 号

责任编辑：孙锦萍

中国商业出版社出版发行
010-63180647　www.c-cbook.com
（100053 北京广安门内报国寺 1 号）
新华书店经销
三河市吉祥印务有限公司印刷
*
710 毫米×1000 毫米　16 开　12.5 印张　200 千字
2015 年 10 月第 1 版　2021 年 1 月第 2 次印刷
定价：25.00 元
* * * *
（如有印装质量问题可更换）

《中国传统民俗文化》编委

主　　编	傅璇琮	著名学者，原国务院古籍整理出版规划小组秘书长，清华大学古典文献研究中心主任教授，原中华书局总编辑
顾　　问	蔡尚思	著名历史学家，中国思想史研究专家
	卢燕新	南开大学文学院副教授
	王永波	四川省社会科学院文学研究所副研究员
	叶　舟	中国思维科学研究院院长，清华大学、北京大学特聘教授
	于春芳	北京第二外国语学院教授
	杨玲玲	西班牙文化大学文化与教育学博士
编　　委	陈鑫海	首都师范大学中文系博士
	李　敏	北京语言大学古汉语古代文学博士
	赵　芳	出版社高级编辑，曾编辑出版过多部文化类图书
	韩　霞	山东教育基金会理事，作家
	陈　娇	山东大学哲学系讲师
	吴军辉	河北大学历史系讲师
	石雨祺	出版社高级编辑，曾编辑出版过多部历史类图书
	王　欣	全国特级教师
策划及副主编	王　俊	

序 言

中国是举世闻名的文明古国,在漫长的历史发展过程中,勤劳智慧的中国人,创造了丰富多彩、绚丽多姿的文化,可以说人创造了文化,文化创造了人。这些经过锤炼和沉淀的古代传统文化,凝聚着华夏各族人民的性格、精神和智慧,是中华民族相互认同的标志和纽带,在人类文化的百花园中摇曳生姿,展现着自己独特的风采,对人类文化的多样性发展作出了巨大贡献。中国传统民俗文化内容广博,风格独特,深深地吸引着世界人民的眼光。

正因如此,我们必须深入学习贯彻党的十八届三中全会精神,按照中央的要求,加强文化建设。2006年5月,时任浙江省委书记习近平同志就已提出:"文化通过传承为社会进步发挥基础作用,文化会促进或制约经济乃至整个社会的发展。"又说,"文化的力量最终可以转化为物质的力量,文化的软实力最终可以转化为经济的硬实力"。(《浙江文化研究工程成果文库总序》)2014年他去山东考察时,再次强调:中华民族伟大复兴,需要以中华文化发展繁荣为条件。

学习习近平同志的重要讲话,确可体会到,在政治、经济、军事、社会和自然要素之中,文化是协调各个要素协同发展、相关耦合的关键。正因如此,我们应该对华夏民族文化进行广阔、全面的检视。我们应该唤醒我们民族的集体记忆,复兴我们民族的伟大精神,发展和繁荣中华民族的优秀文化,为我们民族在强国之路上阔步前行创设先决条件。

实现民族文化的复兴,必须传承中华文化的优秀传统。现代的中国人,特别是年轻人,对传统文化十分感兴趣,蕴含感情。但当下也有人对具体典籍、历史事实不甚了解。比如,中国是书法大国,谈起书法,有些人或许只知道些书法大家如王羲之、柳公权等的名字,知道《兰亭集序》是千古书法珍品,仅此而已。再如,我们都知道中国是闻名于世的瓷器大国,中国的瓷器令西方人叹为观止,中国也因此获得了"瓷器之国"(英语 china 的另一义即为瓷器)的美誉。然而关于瓷器的由来、形制的演变、纹饰的演化、烧制等瓷器文化的内涵,就知之甚少了。中国还是武术大国,然而国人的武术知识,或许更多来源于一部部精彩的武侠影视作品,对于真正的武术文化,我们就难以窥其堂奥了。我国还是崇尚玉文化的国度,我们的祖先发现了这种"温润而有光泽的美石",并赋予了这种冰冷的自然物以鲜活的生命力和文化性格,如"君子当温润如玉",女子应"冰清玉洁""守身如玉";"玉有五德",即"仁""义""智""勇""洁"等。今天,熟悉这些玉文化内涵的国人,也为数不多了。

也许正有鉴于此,有忧于此,近年来,已有不少有志之士,开始了复兴中国传统文化的努力之路,读经热开始风靡海峡两岸,不少孩童乃至成人,开始重拾经典,在故纸旧书中品味古人的智慧,发现古文化历久弥新的魅力。电视讲坛里一拨又一拨对古文化的讲述,也吸引着数以万计的人,重新审视古文化的价值。现在放在读者面前的这套"中国传统民俗文化"丛书,也是这一努力的又一体现。我们现在确实应注重研究成果的学术价值和应用价值,充分发挥其认识世界、传承文化、创新理论、咨政育人的重要作用。

中国的传统文化内容博大,体系庞杂,该如何下手,如何呈现?这套丛书处理得可谓系统性强,别具心思。编者分别按物质文化、制度文化、精神文化等方面来分门别类地进行组织编写,例如在物质文化层面,就有中国古代酒具、中国古代农具、中国古代青铜器、中国古代钱币、中国古代石刻、中国古代木雕、中国古代建筑、中国古代砖瓦、中国古代玉器、中国古代陶器、中国古代漆器、中国古代桥梁等;在精神文化层面,就有中国古代书法、中国古代绘画、中国古代音乐、中国古代艺术、中国古代篆刻、中国古代家训、中国古代戏曲、中国古代版画等;在制度文化层面,就有中国古代科举、中国古代官制、中国古代教育、中国古代军队、中国古代法律等。

此外,在历史的发展长河中,中国各行各业还涌现出一大批杰出人物,至今闪耀着夺目的光辉,以启迪后人,示范来者。对此,这套丛书也给予了应有的重视,中国古代名将、中国古代名相、中国古代名帝、中国古代文人、中国古代高僧等,就是这方面的体现。

生活在21世纪的我们,或许对古人的生活颇感兴趣,他们的吃穿住用如何?如何过节?如何安排婚丧嫁娶?如何交通出行?孩子如何玩耍等。这些饶有兴趣的内容,这套"中国传统民俗文化丛书"都有所涉猎,如中国古代婚姻、中国古代丧葬、中国古代节日、中国古代风俗、中国古代礼仪、中国古代饮食、中国古代交通、中国古代家具、中国古代玩具、中国古代鞋帽等,这些书籍介绍的都是人们颇感兴趣,平时却无从知晓的内容。

在经济生活层面,这套丛书安排了中国古代农业、中国古代纺织、中国古代经济、中国古代贸易、中国古代水利、中国古代车马、中国古代赋税等内容,足以勾勒出古代人经济生活的主要内容,让今人得以窥见自己祖先的经济生活情状。

在物质遗存方面,这套丛书则选择了中国古镇、中国古楼、中国古寺、中国古陵墓、中国古塔、中国古战场、中国古村落、中国古街、中国古代宫殿、中国古代城墙、中国古关等内容。相信读罢这些书,喜欢中国古代物质遗存的读者,已经能掌握这一领域的大多数知识了。

除了上述内容外,其实还有很多难以归类却饶有兴趣的内容,如中国古代乞丐这样的社会史内容,也许有助于我们深入了解这些古代社会底层民众的真实生活情状,走出武侠小说家加诸在他们身上的虚幻的丐帮色彩,还原他们的本来面目,加深我们对历史真实性的了解。继承和发扬中华民族几千年创造的优秀文化和民族精神是我们责无旁贷的历史责任。

不难看出,单就内容所涵盖的范围广度来说,有物质遗产,有非物质遗产,还有国粹。这套丛书无疑当得起"中国传统文化的百科全书"的美誉了。这套丛书还邀约了大批相关的专家、教授参与并指导了稿件的编写工作。应当指出的是,这套丛书在写作过程中,既钩稽、爬梳大量古代文化文献典籍,又参照近人与今人的研究成果,将宏观把握与微观考察相结合。在论述、阐释中,既注意重点突出,又着重于论证层次清晰,从多角度、多层面对文化现象与发展加以考察。这套丛书的出版,有助于我们走进古人的世界,了解他们的美好生活,去回望我们来时的路。学史使人明智,历史的回眸,有助于我们汲取古人的智慧,借历史的明灯,照亮未来的路,为我们中华民族的伟大崛起添砖加瓦。

是为序。

傅璇琮

2014年2月8日

前 言

　　中国是一个疆域广袤、河湖众多、山川广布的国家。几千年来，繁衍和生活在神州大地上的中华民族，建立起了庞大的交通网络，并创造出灿烂悠久的交通历史。

　　秦汉时期，水陆交通形成全国网络。全国性交通网的形成，始于秦代。秦始皇统一中国后，颁布"车同轨"的法令，建成遍及全国的驰道，车辆可以畅行各地。同时又设置驿道，颁布有关邮驿的法令，建立起传递官府文书和军事情报的邮传系统。汉朝开辟了经西域通往西方的道路"丝绸之路"。秦汉时期水运事业有了较大发展，秦朝挖掘的灵渠把长江水系和珠江水系连接起来，汉朝则开辟了沟通世界两大帝国——东方的汉帝国和西方的罗马帝国的海上航线。

　　隋唐时期，我国水陆交通进入了一个全新的历史阶段。隋朝时完成了贯穿南北的大运河工程，这是世界上开凿最早、规模最大、里程最长的运河。唐朝时海上贸易逐渐发展起来，开辟了新的海上航线，加强了东西方的交流和联系。唐朝京都长安发展为国内外交通的重要枢纽和中心，变成世界上最大的都市之一。

　　宋元时期，古代交通进入鼎盛时期。宋朝将指南针应用到海船上，使航海技术大大提高。宋朝已把帆船作为海上交通的重要工具，从广州、泉州等地出航东南亚、印度洋以至波斯湾。元朝沿海航运事业最发达。元朝除继续开挖运河，使京杭大运河全线通航外，又开辟了以海运为主的漕运路线，从海上最多时年运粮达360

万石。

　　明清时期，我国古代交通日趋衰落。明代造船业的规模最大，出现了造船高峰。最为著名的事件，就是明朝大航海家郑和，从公元1405年到1433年先后七次渡洋远航，把我国古代航海活动推向了顶峰。但不久以后明清两朝相继实行了海禁，航海事业从此就一蹶不振了。1840年鸦片战争以后，帝国主义纷纷侵入，近代交通工具火车、轮船和汽车相继兴起，铁路、航线和公路不断开辟，遂使我国以帆船为主要工具的古代水上运输业，以畜力车、人力车为主要工具的古代陆路运输业和以邮驿为主要方式的古代邮政通信业，日趋衰落并逐步废弃。

　　交通的进步，是人类迈上文明阶梯最基本的条件之一。一方面，社会文明的成熟和飞跃，仍然必须以交通事业的发达作为必要的基础。另一方面，文明的进步，当然也构成有利于交通逐步发达的积极因素。

　　《中国古代交通》一书通过对各个朝代的交通状况，各种交通方式和交通工具的变迁，以及中国古代交通文化的渊源与流变做出简要介绍，借以展示中国古代交通的悠久历史，帮助读者了解当时人们的生产、生活和社会发展状况。本书将从三大方面来说明我国古代交通事业的发展过程，具体包括中国古代的境内交通、对外交通以及交通工具。

目录

第一章　中国古代的境内交通

第一节　中国古代重要的国内陆路交通 ………… 2
　　古代内陆交通及其特点 ………………………… 2
　　先秦时期的道路 ………………………………… 3
　　秦汉时期的道路 ………………………………… 7
　　唐代及唐以后的道路 …………………………… 9

第二节　中国古代的桥梁 ………………………… 12
　　古代桥梁的产生与发展 ………………………… 13
　　梁桥 ……………………………………………… 17
　　拱桥 ……………………………………………… 21
　　索桥 ……………………………………………… 29
　　浮桥 ……………………………………………… 35
　　特殊桥梁 ………………………………………… 37

第三节　中国古代的内河航运及海运交通 ……… 40
　　先秦时期的河运 ………………………………… 40
　　秦汉时期的河运 ………………………………… 44
　　隋唐时期的航运 ………………………………… 48

隋唐以后的河运 ………………………………………… 53

中国古代的对内海运 …………………………………… 55

🌸 第四节　中国古代的馆舍和驿站 ………………………… 59

古代邮驿的发展 …………………………………………… 60

馆舍的产生与发展 ………………………………………… 61

第二章　中国古代的对外交通

🌸 第一节　中国古代陆上的对外交通路线 ………………… 66

丝绸之路 …………………………………………………… 66

茶马古道 …………………………………………………… 71

茶叶之路 …………………………………………………… 76

🌸 第二节　中国古代的海上对外交流及远洋探索 ………… 84

海上丝绸之路 ……………………………………………… 84

郑和下西洋 ………………………………………………… 88

中国古代其他海上对外交流航线 ………………………… 92

第三章　中国古代的交通工具

🌸 第一节　陆路交通工具的变迁 …………………………… 98

直接把驯养的动物作为交通工具 ………………………… 98

有轮车辆 …………………………………………………… 116

特殊的车辆——轿 ………………………………………… 130

🌸 第二节　水路交通工具的演进 …………………………… 136

原始的舟筏 ………………………………………………… 136

以人工为动力的木板船 …………………………………… 142

帆船的出现 …………………………………………………… 148

秦汉时期——我国造船业的第一个高峰 …………………… 152

唐宋时期——我国造船业的第二个高峰 …………………… 163

明朝时期——我国造船业的第三个高峰 …………………… 173

参考书目
………………………………………………………… 183

第一章

中国古代的境内交通

　　交通的进步，是人类迈上文明阶梯最基本的条件之一。一方面，社会文明的成熟和飞跃，仍然必须以交通事业的发达作为必要的基础；另一方面，文明的进步，当然也构成有利于交通逐步发达的积极因素。中国是一个疆域广袤、河湖众多、山川广布的国家。几千年来，繁衍和生活在神州大地上的中华民族，建立起了庞大的交通网络，并创造出灿烂悠久的交通历史。

第一节
中国古代重要的国内陆路交通

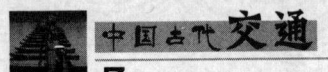

古代内陆交通及其特点

在中国历史上,最早出现的道路事实上是通过人们生活中不断踩踏后自然形成。从这个意义上说,道路是在人类出现后才形成的。东汉训诂书《释名》解释道路为"道,蹈也,路,露也,人所践蹈而露见也"。在距今4000年前的新石器时代晚期,就有记载表明,当时的中国已经有了役使牛马为人类运输而形成的驮运道。在尧舜时期,道路曾经被叫作"康衢"。到了西周,人们将可并排通行三辆马车的地方称为"路",能够并排通行两辆马车的地方称为"道",只能通行一辆马车的地方则称为"途"。将仅供老牛车通行的路称作"畛",将只能通行牛与马的乡间小道称为"径"。秦始皇统一中国之后,规范道路,实行"车同轨",广兴路政,其中最宽敞的道路称作驰道,驰道是专供天子车骑行走的道路。唐朝时候新修道路五万里,称作驿道。后来,元朝把路称为"大道",清朝将路称为"大路"或者"小路"等。清朝末年,我国建成第一条能够通行汽车的道路,被称为"汽车路",也叫作"公路",至今为止,"公路"的说法仍在沿用。至于"马路",事实上是外来语。巷、坊、弄、胡同等,被认定是从唐朝沿用下来的旧称,就是指大道以外的路。我们这里所描述的道路,通常是指地面上供人或者车马经常行走的那一部分,也就是俗称的大路。

通过上述概述,我们将中国内陆路交通的几个主要特点总结如下:

第一,具有强烈的政治色彩。首先,中国古代的道路修筑一般都是为了满足统治者的需要,一方面道路都修筑在自己的政权辖区内,为防止别的政权侵略,不会把道路与别国的道路连接起来;另一方面,统治者为了加强控制自己的领土势力,通常把都城作为中心修建道路,这也方便了统治者视察与管理其他地方。其次,古代封建时期,统治者为了争夺领土与统治更多的人民连年战争不断,而为了在战争中处于有利地位,为己方的军备补给运输和行军提供方便,一般是仗打到哪里,路就修到哪里。最后,古代帝王经常会安排一些活动,比如到全国各地巡幸、外出避暑、祭祖、打猎等,伴随着帝王的这些活动,沿途的道路往往会发生明显的变化,或新辟,或拓宽,或整修。

第二,中国古代国内的道路建设也与经济发展息息相关。随着不同地区经济发展形势的变化,为了加强地区间的经济交流或实现经济重心的转移,往往会促进相关地区道路的建设和发展。

第三,中国古代国内的道路结构通常是辐射性的。这些道路总是以历代都城为中心向外辐射。由都城辐射而出的国道或御道通常通向重要的城镇,而城镇与城镇之间就会出现一些仅次于国道或御道的道路。在这两类道路之间又会穿插有若干条民间乡村的道路。如此一来,像蜘蛛网一样的陆路交通网逐渐形成了。

先秦时期的道路

在传说中的黄帝、炎帝以及尧、舜、禹时代,中国各地的交通状况已经取得了较大的改善。我国在公元前2000年以前,就已经有可以供牛、马车通行的

舜帝

道路记载。根据《古史考》记载："黄帝作车，任重道远。少昊时略加牛，禹时奚仲驾马。"《尚书·舜典》同样记述了舜当上部落首领后曾"辟四门，达四聪""明通四方耳目"的事情。当年舜帝于二月去巡视泰山，五月到了衡山，八月探访了华山，十一月来到恒山，由此可知，舜帝对道路的修建极为重视。据记载，舜帝在位时，曾命令诸侯百官治理九州的山山水水，开通九州道路，而禹就是这些大臣中的一员。禹是黄帝部落联盟的最末一位首领，又是夏王朝的奠基人。大禹治水，同样是从"随山刊木，奠高山大川"开始的。有关记载表明，他"陆行乘车，水行乘船，泥行乘撬，山行乘樏"，乘坐不同的交通工具，黄河和长江这两大流域都有他们走过的足迹。而且，禹在治理山水和开通山区道路时，都会首先树立标志，以此来选定中线，控制高度与里程。大禹采用"准绳"和"规矩"当作基本的测量工具，这说明原始的勘测技术在此时已有出现。

商汤的祖先"服牛乘马"，奔波各地贩运货物，这表明，当时人们主要的交通工具就是牛、马等畜力。为了适应这种发展，商朝（公元前16—公元前11世纪）统治者在道路建设上获得了很大发展，他们已经知道怎样夯土筑路，而且会利用石灰稳定土壤。这些可以从商朝的殷墟发掘出的用于筑路的砾石和碎陶片上看出。商朝不仅筑路技术及筑路材料获得了新发展，而且还非常重视道路的养护，古代文献中已经查到商人护养道路的记载。历经夏商两朝长期的开拓，到公元前1066年—公元前771年的西周时期，我国古代的道路建设已经形成了一定规模。

周朝（公元前11—公元前5世纪）道路的规模与水平有非常大的发展。武王姬发灭商后，首先令人修筑都城镐京（今西安附近），后来，周公姬旦为了有效掌控位于东方的大片新开拓的疆土，将都城迁往洛邑（今洛阳），并大规模修建。从此以后，东、西两京便理所当然地成为周王朝的政治与经济以及文化中心。为了充分地发挥两京的作用，镐京与洛邑间迅速建立起了一条平坦宽阔的大道，历史称之为"周道"；与此同时，以洛邑为中心，向东、北、南、东南四个方向又修建了不同等级的辐射状道路。对周王室的统治而言，"周道"所起的作用极为重大。《诗经·大东》上说："周道如砥，其直如矢。"也就是说这条大路宽广平坦，笔直得就像离弦的箭一样。《诗经·大东》上还说："维北有斗，西柄之揭。"意思就是说天空北面有北斗，周道就像一把向西的勺柄，直达七星。修建周道，不仅使西周获得更加稳定的发展，而且，在中国古代交通史上，同样意义重大。除西周外，秦、汉、唐的政治经济文化重心无一不在这条中轴线上，即使到了宋、元、明、清时期，这条交通线同样是横贯东西的大动脉。周道的全面开通，极大地促进了我国经济文化的大发展，到东周时期，社会生产力得到提高，农业与手工业以及商业都兴盛起来，这自然少不了道路交通的功劳。

西周在道路建设发展的同时，对道路网的规划、标准、管理、养护、绿化以及沿线的服务性设施方面，也有所改善。首先，道路被分为市区和郊区，前者称为"国中"，后者称为"鄙野"，分别由名为"匠人"和"遂人"的官吏管理。城市道路的规划，分为"经、纬、环、野"四种，南北之道为经，东西之道为纬，都城中有呈棋盘形状的九经九纬道路，其中围绕城池修建的道路称为环，修出城池的道路称为野。规定有不同的宽度（其单位是轨，每轨宽八周尺，每周尺约合 0.2 米），经涂、纬涂宽九轨，环涂宽七轨，野涂宽五轨。郊外道路分为路、道、涂、畛、径五个等级，并根据其功能规定不同的宽度，犹如现代的技术标准。在路政管理上，朝廷设有"司空"掌管土木建筑及道路，而且规定"司空视涂"，按期视察，及时维护。换句话说，这是我国养路、绿化和标志的最早萌芽，为后期的相关工作奠定了基础。除以上几方面，西周在道路建设的同时，也修建了相关的道路服务性设施。当时的

褒斜栈道

不同等级的道路按照不同的距离设有庐、宿、市等设施，为行路者提供饮食及休息的场所。由此看来，当时的道路有相当完善的服务设施。

春秋战国时期，大国争霸，战国七雄对峙，大规模的经济文化交流、军事外交活动以及人员物资聚散，都客观上极大地推进了道路的建设。与此同时，国家道路修建的情况，甚至关系着该国的生死存亡。当时，除周道继续发挥其中轴线的重要作用外，在其两侧还进一步完善了纵横交错的陆路干线和支线，再加上水运的发展，把黄河上下、淮河两岸和江汉流域有效地连接起来。在这一时期，许多主要道路工程都有所修建。如秦国修筑的褒斜栈道，楚国经营的从郢都通往新郑的重要通道，晋国打通的穿越太行山的东西孔道，齐鲁两国建设的四通八达的黄淮交通网络，燕国开辟的直达黄河下游和通往塞外的交通线等。这里，我们主要介绍一下秦国修筑的褒斜栈道。

秦惠王时期，为了打通陕西通往四川的道路，统治者命令下人务必克服秦岭的阻隔，因而，开始修建褒斜栈道。这条栈道起自秦岭北麓眉县西南15公里的斜水谷，到达秦岭南麓褒城县北五公里的褒水河谷，因而称之为褒斜道。栈道全长200多公里，是在峭岩陡壁上凿孔架设而成。从技术层面来讲，这是一项非常艰巨的任务，首先要采用古老原始的"火焚水激"的方法开山破石，然后在崖壁上凿成30厘米见方、50厘米深的孔洞，分上、中、下三排，均插入木桩；接着在上排木桩上搭遮雨棚，中排木桩上铺板成路，下排木桩上支木为架。修好的栈道远远望去就像一座美丽的空中楼阁，蔚为壮观。自褒斜栈道开了栈道的先河后，几百年间又陆续开凿了金牛道、子午道和傥骆道等栈道。至今为止，陕西太白县境内尚有多处清晰可辨的栈道遗迹。这些栈道，不仅便利了交通，而且成为兵家必争之地，在战争史上也留下了许许多多的故事。同时，便利的交通方便了各民族之间的交流，因此，春秋时期道路的大发展也使中原人、戎狄人、荆楚人、吴越人、巴蜀人连成了一体，为中华民族的进一步统一打下了坚实的基础。

秦汉时期的道路

秦朝（公元前221—公元前206年）时期，正式建成了连接全国的陆路交通网。秦灭六国之后，立马将各地私自建设的高墙壁垒全部拆毁，顺便连阻碍交通运输的关卡也一并除去。中国被秦始皇统一后，"车同轨"制度便广泛实施下去。所谓"车同轨"，意思就是规定全国必须使用一样宽度轨距的车辆，这样就要求车上的主要零部件标准统一，这种"标准化"的制造方法便为日后的更换提供了便利。同时，这种先进的"标准化"的制造方法与秦国举国上下土木工程以及战争等方面对长途运输的要求相适应，对道路修建方面更是提出了更为严格的要求，从而带动了经济的发展与社会的进步。依据"车同轨"的要求，秦朝在将过去错综复杂的交通路线加以整修与连接的基础上，又花费了巨大的人力与物力，最终建成了以驰道为主的全国交通干线脉络。

驰道路面宽50步，相当于现在的70米。路基稍高出两侧地面，目的是排水便利，路面更加夯实。道路两旁每间隔3丈就种一株青松，作为行道树。除了路中央的3丈是作为皇帝御车专用外，另外两边开辟了人行旁道。每间隔10里修建一个凉亭，作为区段的治安管理所、行人招呼站以及邮传交接处。秦朝修建驰道工程规模浩大，整整持续了十年，它以京师咸阳为中心，向四方辐射，将全国各郡和重要城市，全部联通起来。当时修建的著名驰道共9条，分别为：有出今高陵通上郡（陕北）的上郡道；过黄河通山西的临晋

阿房宫

道；出函谷关通河南、河北、山东的东方道；出今商洛通东南的武关道；出秦岭通四川的栈道；出今陇县通宁夏、甘肃的西方道；出今淳化通九原的直道等。其中，通往九原的直道在公元前212—公元前210年之间修建完成，修筑该直道的负责人是驻守边关的蒙恬与公子扶苏，工人就是他们手下的，20万大军。这条大道沿途贯穿陕西、甘肃等省，穿过14个县，直达九原郡（今内蒙古自治区包头市）。这条直道宽度一般都在60米左右，可使10~12辆大卡车并排行驶，最宽处甚至达到现代化中型飞机起降的跑道。其沿途各支线巧妙贯穿，每条支线都有容纳并排行驶2~4辆卡车的宽度。这条直道被正式投入使用后，秦国骑兵从他的军事指挥中心——云阳林光宫（今陕西淳化县梁武帝村）开始出发，只需要三天三夜就能够驰抵阴山脚下，对匈奴发起攻击。直到现在，在内蒙古东胜市境内仍然有45千米长的直道遗迹保存。

秦朝时期，修筑的驰道就是相比罗马道路来说，也是毫不逊色。除上述驰道以外，还在西南山区修筑了"五尺道"，在今湖南、江西等地区修筑了"新道"。这些不同等级、各有特征的道路，构成了以咸阳为中心，通达全国的道路网。除修筑城外的道路，秦朝在城市道路的建设也有突破，如在阿房宫的建筑中，采用高架道的形式筑成"阁道"，自殿下直抵南面的终南山，形成"复道行空，不霁何虹"的壮观景象。

秦朝的道路为汉朝的道路修建奠定了基础。它把京城当作中心，再向四面辐射，从而构成了便利的交通网。汉朝主要修筑了6条主要干线：东路干线自西汉京城长安往东，途经函谷关（今河南灵宝东北），穿过洛阳，经过定陶，最后到达临淄；北路干线自长安往北，直接到达九原郡（包头市）；西北干线自长安向西，到达陇西郡（今甘肃临洮）；河东干线自蒲津（今山西永济西）渡黄河，途经平阳（今临汾西北）、晋阳（今太原市南），最后到达平城（今大同市东）；西南干线自长安向西南途经汉中，最后到达成都，并远至云南；南路干线自长安向东南出武关，途经南阳，穿过江陵，并继续向南延伸。除此之外，还有一些支线覆盖全国各地。

东汉时期，在今陕西褒城鸡头关下修栈道时，要经过横亘在褒河南岸耸立的石壁——褒屏，为了穿壁而过，当时的人们曾用火石法（先用柴烧炙岩石，然后泼以浓醋，使之粉碎，再用工具铲除，逐渐挖成山洞）开通了长14米、宽3.95～4.25米、高4～4.75米的隧洞，这就是历史上著名的石门。隧洞开通后，在洞壁上留有石刻《石门颂》《石门铭》以纪其事。

唐代及唐以后的道路

中国封建王朝到了唐代（618—907年）可谓达到全盛时期，这一时期在道路修建上也更加完善。唐太宗即位不久就下诏书，在全国范围内要保持道路的畅通无阻，对道路的保养也有明文规定，不准任意破坏，不准侵占道路用地，不准乱伐行道树，并随时注意道路保养。通过统治者的努力，都城长安日益发展为国内和国际上陆路交通的中枢地区。而从道路交通的范围来看，也较秦汉时期有了较大发展，不仅南北畅通，而且疆域又获得空前扩大，此时的交通干线，东西应为九千里以上，南北应在一万里以上。以长安城为中心，向东，向南，向西，向北，构成了四通八达的陆路交通网，不仅通向全国各地，而且中外交通往来也日益频繁。除此以外，像洛阳、扬州、泉州和广州等城市，随着唐朝政治、经济和文化的发展，也相继成为国内外交通的重要枢纽。而且，一般的道路上沿路设置土堆，名为堠，以记里程。这是今天里程碑的滥觞。

唐代时，虽然说郊外有极为发达的交通网，但是，城市内部的通路建设也不差。首都长安是古代著名的城市，东西长9721米，南北长8651米，近似一个正方形。道路网是棋盘式，南北向11条街，东西向14条街，将全城

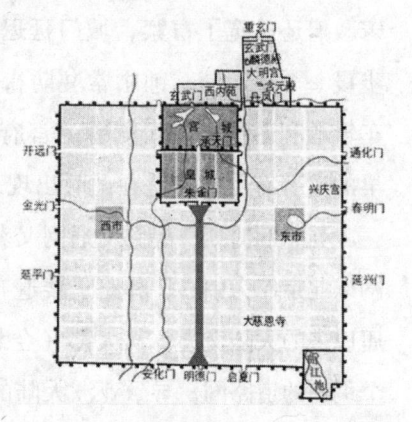

唐长安城

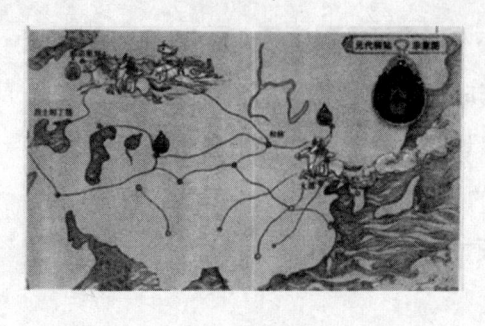

元代驿站示意图

划分为100多个整齐的坊市。皇城中间的南北大街叫作承天门大街，宽441米，视野开阔。与12座城门相连的共有6条大街，位于中轴线的朱雀大街宽达150米，街中80米宽，路面用砖铺成，道路两侧有排水沟和行道树，布置合理，井然有序，不但为中国以后的城市道路建设树立了榜样，而且远到日本的国家都深受其影响。

宋朝和辽金时期，道路建设，特别是在城市道路建设与交通管理方面有了更大的发展，将之前那种封闭分隔的格局彻底打破，把坊里高墙全部拆除，让城里居民能够自由来往于城中的所有地方。在这一时期的城市规划上，使街与市的结合得以实现。城市大道的两边，首次出现了百业汇聚的情形。改建之后的北宋都城汴京（今开封）城中，店铺多达6400多家，酒楼茶肆以及勾栏瓦舍通宵不歇，艺人商贩来往穿梭在大街小巷。为了丰富市民们的经济文化生活，北宋政府甚至改变了以往居民不可以朝着大街开门、不可以在指定的市坊以外从事买卖活动的规矩，允许市民在御廊（汴京中心街道称作御街，宽200步，路两边称作御廊）开店设铺以及沿街摆摊做生意。同时，北宋政府还放宽了宵禁，城门延迟关闭，并且很早打开。御街上每间隔两三百步设一个军巡铺，铺中常驻防御巡警，白天主要负责维持交通秩序，使人流车辆顺利通行；夜间则警卫官府商宅，防盗防火，防止意外发生。历史上最早的巡警有可能就是在此时出现。这些变化都使汴京很快成为大都市。

元、明时期，驿路交通网又获得了进一步发展。这条四通八达的驿路交通网以北京作为中心，驿路干线遍布全国。尤其是在元代，统治者综合开拓了汉唐以来的大陆交通，从大都（今北京）通往全国的主干道一共有7条，形成一个稠密的道路网，导致亚洲大陆的大片地区被覆盖，甚至连阿拉伯半岛都包括在内。在成吉思汗等人率领下的蒙古族各部不断地东征西讨以便拓展疆域，通常在军队到达的地方,驿站便紧跟着建立,畅通的道路,极大地确保了军队给养运输顺利。在蒙古军军事势力的全盛时期,道路直接通到东欧多瑙河畔;南下攻占金与宋的政权后,元政府将南中国的大片疆土并入了自己的版图,全国道路交通网日益完善。

清朝(1644—1911年)作为我国最后一个封建帝国,中国近代的疆域在此时已基本奠定范围。虽然在交通的各个方面,清政府都没有任何创新或突破,但是,在数量上还是有所发展。全国道路经清政府大力整顿后,其布局比以往任何时候都更加合理、更加有效。清朝将驿路划分为三等:一是"官马大路",从北京向全国辐射,是通往各大省城的主要干线;二是"大路",主要从省城通往下辖各地方重要城市;三是"小路",这是从大路或各地重要城市通往各个市镇的支线。官马大路,属于国家级官道,在京城东华门外开设皇华驿,当作全国交通的总枢纽,管理东、西、南、北等官马大路干线系统。通往大东北的干线是官马大北路系统最重要的干线,也就是从北京途经山海关、盛京(今沈阳)分别延伸到雅克萨、庙屯(在黑龙江入海口)的官路以及通往朝鲜半岛的国际通道;除此之外,还修建了一条通向呼伦、恰克图的干线以及一条位于塞上的横向大通道。这些道路在清代开发北疆以及捍卫北疆的斗争中起到过非常关键的战略作用。官马西路系统包括兰州官路和四川官路两大干线。兰州官路自北京途经保定、太原、西安、兰州,分别延伸到青海与西藏以及新疆,并通往中亚甚至西亚诸国。四川官路是通往大西南的干线,自西安通往云南、贵州、四川,并向西通到西藏拉萨。在大清帝国进驻北京、维护政权的过程中,这条连接我国整个西部地区的交通系统,曾经发挥过关键的作用。官马南路系统,包含云南官路、桂林官路以及广东官路三条干线。前两条干线都是自太原南下过黄河到达洛阳,之后分道至昆明或桂林,甚至延伸到印度支那半岛;第三条

清代衡阳至长沙交通图

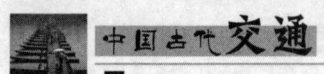

干线指的是广东官路的主干道,则是自北京出发途经济南、徐州、合肥、南昌、赣州、韶关,直达广州。这是从元朝创立之初一直到明清以来,北京通往广州的纵贯中国南北的主要官道,史称"使节路"。又由于终点广州曾经是清代对外通商的唯一口岸,所以清政府极为重视这条干线。官马东路的唯一干线便是福建官路,沿途贯穿天津、济南、徐州、南京、苏州、上海、杭州、福州等重要城市,这是清政府在经济上赖以生存的关键通路。除此以外,还有横贯东西的长江官路等交通系统。这些道路的开通让清政府更快地实现了对全国自京城以下省、市、县、乡镇乃至自然村落的政治控制以及经济掠夺。当然,全国各族人民因为这个纵横交错的交通网也获得了更好的生存与发展空间,极大地促进了地方经济与民族文化的交流与合作。

除了保持道路网的畅通外,清朝政府在筑路、养路技术与水平方面都有新的提高,各项规定也得以更加细致地实施。比如,在低洼地段,设置高路基的"叠道";在软土地区采用秫秸铺底筑路。这些筑路与养路方法的创新与突破,对交通建设作出了很大的贡献。

第二节
中国古代的桥梁

中国地域广袤,地理环境复杂,大大小小的河流湖泊、山川峡谷往往成为人们在交通上的阻碍。为了解决这一问题,实现道路的畅通,桥梁这一重要交通建筑就出现了。

古代桥梁的产生与发展

在原始社会，人们曾利用自然倒下来的树木以及谷岸生长的藤萝等穿越河流和峡谷，那时还不是有目的地修建桥梁。至于是什么时候开始有目的地建设桥梁，至今仍无法考证。只是根据西安半坡新石器时代的村落遗址，有人推测那时已有了桥梁。因为当时人们在村落遗址周围发现一条深宽各五米的壕沟，其作用应该是防御野兽和外族入侵。而当时的人们已经开始使用木梁木柱建筑房屋，显然，如此宽的壕沟缺少桥梁是很难跨越的，所以建筑的桥梁完全是有可能的，但这毕竟只是一种推测。

据史料记载，尧舜时代就出现了中国最早的桥梁。《考工典》第三十四卷《拾遗记》载："舜命禹疏川奠岳，济巨海，鼋鼍以为桥梁"，尽管这仅是一个传说故事，不过，禹或许在当时真的利用砾石修筑出了可供通行的桥梁。因为这种用石头垒起桥梁的方式在古代是的确存在过的，当时由于生产力水平低下，垒石为梁是一种主要的渡水设施，造桥的方法只能是在水中堆砌一条长堤，现在建筑学上称为堤梁式石桥。文献中所提到最早有关桥梁的确切记载，应该是《诗·大明》："亲迎于渭，造舟为梁。"朱熹注曰："造，作梁桥也。作船于水，比之而加板于其上，以通行者，即今之浮桥也。"先建造几艘小木船，然后铺上木板，系扎固定之后就成为了一座通济利涉的桥，就是《诗经》里的这个"造舟为梁"。夏商周时代，社会经济有了较大的发展，桥梁建筑也应时代的要求逐渐增加，在许多文献资料中都能查找到有关桥梁的记载，商代首都朝歌就建造了著名的"巨桥"。自周至春秋、战国时代，桥梁建设已经极为普遍。当时秦国在灞水之上建了灞桥，在黄河之上建了河桥，在蜀地修筑都江堰的李冰还建了七座桥梁，历史上将这七座桥比作七星。除秦国外，其他国家也建有许多桥梁。这一时期，不但桥梁数量增多，桥梁的

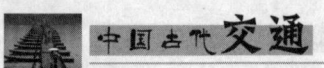

种类也有所增加，除了原始的石堤桥梁，还出现了简支木质桥梁、舟桥以及索桥。总而言之，桥梁建设在先秦时期尽管很不成熟，但却为后代桥梁建设树立了标本，因此，先秦时代称得上是我国古代桥梁的创立阶段。

知识链接

都江堰水利工程

位于成都平原西部岷江上的都江堰坐落在今四川省都江堰市城西。

岷江上游地势险恶，水流速度快，其中下游在成都平原，地势平坦，水速骤减，因而夹带的大量泥沙和岩石随即沉积下来，淤塞了河道。每年雨季到来之际，岷江及其支流暴涨的水势往往形成洪涝灾害；雨水不足时，又会造成干旱。远在都江堰修成之前的二三百年，古蜀国杜宇王以开明为相，在岷江出山处开一条人工河流，分岷江水流入沱江，用以消除水患。秦昭襄王五十一年（公元前256年），李冰为蜀郡守。李冰带领儿子，依靠群众，并在前人治水的基础上，在岷江出山流入平原的灌县，建成了都江堰。

四川成都都江堰李冰广场的李冰父子塑像

李冰采用中流作堰的方法，在岷江峡内用石块砌成石埂，叫都江鱼嘴，也叫分水鱼嘴。鱼嘴把岷江水流一分为二。东边的称为内江，供灌溉渠用水；西边的叫外江，是岷江的正流。又在灌县城附近的岷江南岸筑了离碓（同堆），离碓就是开凿岩石后被隔开的石堆，夹在内外江之间。位于离碓东侧的是内江水口，又称之为宝瓶口，具备节水制流的作用。夏季岷江水涨，都江鱼嘴淹没了，离碓就成为第二道分水处。内江自宝瓶口以下进入密布于川西平原之上的灌溉系统，旱则引水浸润，雨则堵塞水门，保证了大约300万亩良田的灌溉，成都平原因此成为旱涝保收的天府之国。

就今天来看，都江堰水利工程不论在规划方面，还是在设计与施工方面，都极为科学合理，称得上是古代水利工程中的一大奇观。工程规划相当完善，分水鱼嘴和宝瓶口联合运用，能按照灌溉、防洪的需要，分配洪、枯水流量。通过内江进水口水位观察，掌握进水流量，再用鱼嘴、宝瓶口的分水工程来对水位加以调节，这样就能控制渠道进水流量。

都江堰是全世界迄今为止，年代最久、唯一留存、以无坝引水为特征的宏大水利工程，被誉为"世界水利文化的鼻祖"。

由于都江堰水利工程历史悠久、规模宏大、布局合理、运行科学，且与环境和谐结合，在历史和科学方面具有突出的普遍价值，因此，在2000年联合国世界遗产委员会第24届大会上被确定为世界文化遗产。

秦汉时期，随着国家的统一，桥梁的建造也日益受到重视，甚至桥梁建设成为了考查官吏治理能力的一项标准，所以，这一时期的桥梁比先秦又有所发展。首先，著名的大桥不断涌现，中渭桥、西渭桥、灞桥、顾家桥、苕溪桥等都是这一时期的著名桥梁。除此之外，桥梁在建筑形式上也有了新发展，石梁石柱式桥梁就产生在这一时期，并对后世桥梁的发展产生了深远影响。到了魏晋南北朝时间，尽管桥梁建设受到战乱和分裂的影响暂时陷入低迷期，但依然有所建树。石拱桥和伸臂式桥梁就出现在这一时期，并成为隋唐以后桥梁的主流，出现在全国各地。

　　桥梁在隋唐时代的发展非常突出，其中发展最快的要属石拱桥的建造了。在石拱桥方面，首先，这一时期发展了单拱石桥，隋代赵州安济桥就是单拱石桥的代表；其次，联拱石桥得以创建，比如我们现在还能见到的清水石桥就是联拱石桥的代表；再次，这一时期创建的薄墩薄拱石桥既节省桥料，又可以平衡各拱间的推力，可以说为石拱桥的发展作出了一大贡献。

　　我国古代的桥梁发展到了宋、辽、金、元时期达到全盛期。这一时期桥梁的种类已经发展齐全，单拱桥、联拱桥、石柱石梁桥、伸臂式桥、叠梁桥、开合式桥、飞梁桥、屋桥、浮桥、索桥一应俱全；安平桥、广济桥、卢沟桥等大型桥梁不胜枚举。而且，这一时期的造桥技术逐渐趋向成熟，并且有了

漳州市的虎渡桥

很多重大突破。

桥梁在明清时期，除了在维修重建方面有所建树外，毫无创新，大多数还沿用前人的设计。比如在大量维修和重建前代桥梁的工作中，不仅方便了交通，还保存了宝贵的资料；形成了固定的营造格式；使石拱桥"拱"的形式更加多样化等。

我国古代桥梁大致分为梁桥、拱桥、索桥和浮桥四种基本形式，下面分别加以介绍。

梁桥

梁桥，也称之为平桥，是我国古代出现最早的桥梁，在现实活生中得到普遍的运用。梁桥在此时较为古朴简单，建造时很容易。直接把木头或者石梁架设在沟谷河流的两岸，便成了梁桥，如此一来，以后的维护工作也更加方便。迄今为止，除特大跨度桥梁外，梁桥还是桥梁设计中优先考虑的结构体系。早在原始社会，我国就有了独木桥和数根圆木并排拼接而成的木梁桥。到了战国时期，梁桥在材质上不仅有了木桥和石桥之分，而且也有了单跨、多跨的分别。北魏郦道元在《水经注》中记录了一座桥，它坐落在山西省境内的汾水上，大约是春秋时期晋平公时修建的。桥下设有30根柱子，每根柱子直径5尺。这也是目前古书记载的最早的一座梁桥。而坐落在咸阳故城附近的渭水三桥——中渭、东渭和西渭桥则是古代著名的多跨木梁木柱桥。在这之后，石梁桥在相当长一段时间内不断发展，唐朝时建造的许多石梁桥都十分有名，受到后世之人的普遍关注，其中河南洛阳的天津桥、永济桥和中桥，西安的灞桥是其中最著名的四座。而宋代大石梁桥——洛阳桥的建成更掀起了一股建桥热潮，而洛阳桥也因其834米的桥长而获得"天下第一桥"的美誉。宋朝的梁桥除了在长度方面有了较大的发展外，还出现了石梁石墩桥。这种梁桥不管在长度、跨度、重量、建造速度、施工技术、桥型和桥梁

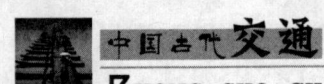

基础等方面都达到了很高的水平,在中外建桥史上占有重要地位。其中最为著名的是坐落在福建晋江市的安平桥和位于漳州市的虎渡桥。随着不断提升的社会生产力,梁桥在形式上也发生了很大变化。在江南地区,人们常常把这梁桥建造成中间孔高大、边孔低小的八字式或台阶式,两边桥头还砌有外观非常别致的几级台阶踏步,方便人在桥梁上行走,除此之外,还有一种与河流平行的纤道桥出现。而同一时期,伸臂木梁桥则在西北地区出现。这种桥采用圆木或方木纵横相隔叠起,由岸边或桥墩上层层向河谷中心挑出,犹如古建筑中的层层斗拱。当地人将这种桥叫作"飞桥"。有的地方还在桥上建桥屋或桥廊,屋廊内有彩画、佛座仙像,桥景似花,所以称它为花桥。此外,还有木撑架桥以及伸臂木梁与撑架相结合的梁桥等等。

下面就介绍几座较为著名的梁桥。

1. 中渭桥

中渭桥在战国秦昭王时期开始修建,秦始皇统一中国后,又对这座桥梁进行了改建和加固处理。中渭桥全长大约525米,宽大约13.8米,由750根木柱桩组合而成67个桥墩,68个桥孔,平均每个桥孔跨径为7.72米,中间桥孔跨径长达9米。桥的中间桥孔高且大,两边桥孔依次变小变低,整体呈现八字形,这样不仅能使高大的楼船顺利通过,而且可以使桥面积水得以迅速排除,有效防止桥体腐烂。在木柱桩群顶部上加盖横梁组成排架墩,然后在排架上架设大木梁,最后铺上木板,这样就构成了桥面。桥两侧设有雕花栏杆,桥两端还有雕刻的华表、镇水妖石件、石灯柱等,不仅起到示标、照明的作用,并且加强了该桥梁的观赏价值。汉朝时期,中渭桥再次被重修,同时朝廷又在其两面新建了东渭桥以及西渭桥,其结构形制和中渭桥相仿。

2. 灞桥

灞桥,又叫作销魂桥,当时,很多人在灞桥上折柳送别亲朋好友,遗留下

第一章 中国古代的境内交通

灞桥

来的众多赠别诗更为此桥增添了不少名气。灞桥坐落在西安东北20里的灞水上，是一座石柱墩木梁桥。自汉朝建桥后，两千年以来，历经无数战火风雨，数次被毁，数次重建。现存的灞桥是清朝道光十三年（1833年）重建的，历时九个月，为多跨梁桥。灞桥桥长近400米，67孔，每孔净跨度6米左右，桥宽约7米。桥墩由六根石柱组成，石柱顶端盖有一根石梁，将石柱合成一体，构成了桥梁史上最早的一种轻形墩，就是指今天所说的石排架墩。自古以来作为交通要道的灞桥现已改造成公路桥，继续发挥余热。

3. 洛阳桥

洛阳桥，又叫作万安桥，是我国古代最著名的石梁桥之一。全桥一共有47孔，总长度为540米。桥的北端修筑有桥堤，桥堤往上，共有40孔，通过江中小岛之后，继续向南扩展有7孔，与桥南端的桥堤相连接。如果把两端的桥堤也计算在内，那么该桥全长为834米。每个桥孔设有7根花岗石梁，

洛阳桥

每根梁高大约 50 厘米,宽大约 60 厘米,长大约 11 米。相互石栏设置在桥面的两边,一共建设有 500 根石柱,石栏总长度和桥长等同。桥墩体积十分庞大,两端砌成尖形,用来使水势分流而出。1932 年,修护人员在原先每个桥墩上又各添建了一个矮墩,除此之外,还有石狮 28 只,石亭 7 座,石塔 9 座。如今,又在其上隔置了厚厚的铜筋混凝土板,一方面确保了汽车的安全通行,另一方面也让古石梁维持原先的模样。

这座桥在宋代皇祐五年(1053 年)开始修建,耗时 7 年才竣工,当时主持这座桥梁修建的是宋代泉州知州蔡襄主。洛阳桥位于泉州城东 10 千米的洛阳江入海口处。该桥梁兴建以前,人们若想渡过洛阳江,只能乘船。然而因为这条江水流湍急,并且经常伴有风潮,因此,翻船事故时有发生。人们为了祈求过渡平安,便把这个渡口叫作万安渡,因而后来桥建成之后也命名为万安桥。又因为这座桥修建在洛阳江上,因此又称为洛阳桥。洛阳桥克服了很多困难才修建完成，因为建桥的选址恰好位于入海口，江宽水急，波浪滚滚，如倾如注，加上当地多地震台风，种种客观因素造成修建洛阳桥困难重重。也正由于这些困难的存在，迫使建桥者绞尽脑汁想了很多办法，同样取得了许多开创性的成就。洛阳桥首先开创了筏形基础。因为这里水流湍急，桥基无法采用传统的打桩工艺，因而只好另想他法，由此开创了新的奠基工艺。建筑师与桥工们利用落潮的间隙，顺着预定的架桥线路，用船只装载了很多大石块投入水底，形成水底石堤并以此当作桥基。根据测量，洛阳桥的桥基长约500米，宽约25米，这是我国乃至世界桥梁建筑技术史上的一项重大突破。尖劈形桥墩被洛阳桥加以应用和发展，把桥墩两端修筑成尖臂形的原因在于：一方面，使上游江流的冲击力减弱；另一方面，也使下游潮汐的冲击力减弱。如此一来，就达到了不仅保障了桥墩而且减弱阻力的目的。除此之外，洛阳桥利用了牡蛎胶来固定桥墩。牡蛎的石灰质外壳随着生长与繁殖会连成一片，久而久之，便会与附着物牢固地胶结成一体。洛阳桥在修建时，就充分利用了这一特征，在桥墩上大量养殖牡蛎，将桥墩上的石块胶结在一起，这样就使桥墩更加牢固，防止被水流冲散，大大提高了桥墩的坚固性与耐久性。这在没有速凝性水泥的古代可以说是一项极为重大的科学发明，除此之外，古人还利用了潮汐的涨落浮运架设石梁。洛阳桥修建完成后，终于实现了人们平安渡过洛阳江的祈愿，从而成为泉州和内地交通的重要通道，对于沟通泉州港口到福州以及京城的官道起到很大作用，还促进经济与文化的发展，洛阳桥因此获得了"万安济众"的美誉。洛阳桥历代都曾修缮与重建，现存的洛阳桥便是清朝乾隆二十六年（1761年）重新建设的，然而栏板、石柱到了今天已经不完整了。

拱桥

所谓拱桥，就是指在竖直平面内以拱作为上部结构主要承重构件的桥梁。汉代出现了我国最早的拱桥，它是从伸臂木石梁桥和撑架桥逐步演变和发展起来的，其创意来源于拱式结构坟墓建造技术的启发。因为承重拱桥的主要构件都是弯曲的外形，因此，人们也将之叫作曲桥。石拱桥在我国桥梁发展史上，出现得相对较晚，然而，它一经出现，便获得了非常迅猛的发展。即使在1880年近代铁路公路桥梁工程技术传入中国以后，它仍以其旺盛的生命力，结合现代的工程理论和新的建筑材料，取得了相对稳定的发展。

拱桥的特点是，拱桥在竖向荷载作用下，两端支承处产生竖向反力和水平推力，正是水平推力大大减小了跨中弯矩，使跨越能力增大。正是由于这个水平推力的存在，拱圈小的弯矩将比相同跨径梁的弯矩小很多，而使整个拱圈主要承受压力，使它的主拱截面材料强度得到充分发挥。由于拱是主要承受压力的结构，因而可以充分利用抗拉性能差而抗压性能较好的垮工材料来修筑拱桥。在我国古代，有种类繁多且各具特色的拱桥。从造型上来看，有像驼峰突起的陡拱，有如同明月的坦拱，有像玉带浮水平坦的纤道多孔拱桥，也有如长虹卧波般形成自然纵坡的长拱桥。拱肩分为敞开与不敞两种类型。拱形也有很多种，有半圆、抛物线、马蹄形、圆弧、椭圆、尖拱形以及多边形等。孔数上有多孔与单孔之分，多孔大多数是单数，偶数较少，有代表性的是江苏徐州的景国桥，多达104孔。多跨拱桥又分为连续拱与固端拱两种，前者只在江南水乡可以看到，后者在华北、西南、华中和华东等地多有发现。拱桥按照建筑材料可以分为石拱桥、木拱桥、砖拱桥、竹拱桥以及砖石混合拱桥等。

据《水经注》记载，公元282年，有一座由石头建成的"旅人桥"，就坐落在河南洛阳东六七里的地方，这是我国最早关于石拱桥的记载。完整保留到今天的最著名的石拱桥有河北赵县的安济桥、北京西南郊的卢沟桥和苏州城南的宝带桥。安济桥，即赵州桥，修建于隋朝，它的技术在当时来讲，世界上的任何一个国家都很难超越它。而此后的千余年里，中国石拱桥不仅在跨径和拱形上，而且在适应不同地区的需求上，都取得了很大的进步。桥梁在具备实用价值的同时，还具备观赏价值，而拱桥的实用价值和观赏价值处处都体现着设计者的巧思构造。昔日那些设计轻巧、布局妥帖、装饰典雅、引人入胜的石拱桥，时至今日，仍旧具有一种令人倾倒的魅力，不仅为众多的文人骚客所讴歌，而且为寻常百姓所喜爱。人们歌颂它，不仅是因其具有使用上的功能美，而且在于其无须润饰的自然美，美得质朴，美得自然。下面就介绍几座历史上存留下来的著名拱桥。

1. 赵州桥

赵州桥，又称之为安济桥，是我国现在保存下来最古老的一座大跨径石拱桥。该桥坐落在河北省赵县城南五里处的洨河上。赵州桥不仅具有磅礴的气势，而且具备典雅美观的结构造型，远远望去，如长虹当空，明月朗照，非常美丽壮观。赵州桥修建完成之后，不仅使两岸交通更为顺畅，而且使北方的运输更为便捷，更是被称赞为"坦平箭直千人过，驿使驰驱万国通"。殊不知，这座闻名世界的桥梁却是我国隋朝时期一位非常普通的工匠李春设计并监造的。尽管历经1300多年的风风雨雨，然而，时至今日依然巍然屹立。赵州桥全长52.82米，桥两端宽度为9.6米，中部宽度9米，主桥孔净跨度长达37.4米，成为当时世界上跨度最大的单孔石拱桥。李春为了让大桥具有独一无二的风格，他将建桥经验与实际情况相结合，大胆突破旧传统，才设计并建造了这座赵州桥。在此之前，在建造比较长的桥梁时，通常采用多孔形式。这样每孔的跨度较小，坡度较平缓，也便于施工。其缺点是桥墩多，不利于船只通行与洪水疏泄。再加上长期遭受水流冲击和侵蚀桥墩，久而久之，坍毁也是有可能的。李春大胆创新，采取单孔长跨石拱的形式，在河心不设立桥墩，使石拱跨径可以长达37米多。就当时而言，采用如此大的跨度修建桥梁，李春

赵州桥

中国古代交通
ZHONG GUO GU DAI JIAO TONG

赵州桥

是历史第一人。在当时那是史无前例的。在拱的样式上，李春采用了独特扁弧形，而过去的拱形建筑大多采用半圆形。假如在37米宽的河面上也采用半圆拱的话，拱顶将高达将近20米，桥高坡陡，车马行人过桥就会十分不方便。李春创造性地改用平拱样式，将桥造成扁弧形，把石拱高度降到7.23米，拱高与跨度的比例大约是1∶5。如此一来，平缓的桥面更有利于车马行人来往，同时还有节省用料与快速施工的优势，大大增加了桥身的稳定性。在古代，洨河每逢夏秋汛季，水势就会猛涨。为了加大泄洪能力，李春还在大拱两肩上另外设置了两个小拱。这种大拱上加小拱的形式，称为"敞肩型"，或者"空腹型"。这样在节省石料的同时，还使桥身自重减轻；而且利于泄洪，使过水面积增加，可以说是达到了建筑与艺术的完美统一。根据计算，这完全符合结构力学的理论。赵州桥不但是我国桥梁工程技术上的一项伟大成就，同时也是世界敞肩拱桥的始祖，它比欧洲19世纪中叶兴建的同类拱桥提前了1200多年。

赵州桥不仅具有精巧美观的设计，而且有非常高超的建桥技术。

首先，桥址选择十分合理，桥基比较稳固牢靠。哪怕构造极为简单，亚黏土地基也非常浅，但是，大桥的载荷桥基还是在承受范围内。根据测量，它历经了1300多年来所发生的地震、洪水等自然的侵害，还有交通使用所产生的影响，而两边桥基下沉水平差仅仅只有5厘米左右。

其次，赵州桥砌置方式新颖，施工与维修都很便利。李春就地取材，采取了纵向（顺桥方向）并列砌置法，将整个大桥沿宽度方向利用28道独拱券并列组合起来。各道拱券独自砌置，每券砌完合拢后各自组成一道独立拱券。之后又在拱石两头开糟，嵌入两块"腰铁"起到连接作用，并利用铸铁拉杆横贯拱背，将拱石连锁起来，使28道拱券的拱石铆合成为一个整体。

最后，赵州桥结构非常紧凑，防固措施极为周密。为了加强各道拱券之间的横向联系，预防两侧拱石向外倾倒，李春除了采取"嵌入腰铁""铸铁拉杆加固"等有效措施外，还在外侧的拱石上与两端的小拱上覆盖上一层护拱石；在护拱石之间放置勾石，用来勾住主拱石；自桥的两端向桥顶逐渐收缩宽度，从9.6米收缩至9米，这样一来，大桥的稳定性能就大大加强。

赵州桥就像一件精致朴素的古代艺术品。桥的望柱与栏板上都雕刻有花卉与兽头图案，形象逼真，栩栩如生，经有关考证，是隋唐时期雕刻艺术的杰出代表作。整个大桥形式非常协调，雄伟壮丽，给人以美的感受。在我国古代历史上，赵州桥在交通、建筑、艺术等方面都有较为深远的影响力。在赵州桥这种敞肩型大跨度石拱桥新风格的影响之下，以后历代在开拓陆路交通时，又修建了许多类似的大型拱桥，现在已经发现的就有十几座。随着我国考古事业的大力发展，在河南临颖县又发现了一座石拱桥——小商桥。根据相关考证，小商桥的建造年代似乎比赵州桥更为久远。青石结构的小商桥，长为20.87米，宽为8.7米，高为6.67米，主孔净跨2.83米，桥身由20个主孔与小孔组成。各孔外沿都雕刻有各种纹饰图案，尽管历经千年的风吹雨打，仍旧清晰可辨。桥面上的青石栏板上原本雕刻着花纹和十八罗汉，以及雕有石狮的青石栏杆，如今都已不复存在，不过桥身保存得还算完好。1982年9月，政府有关部门曾经派人对赵州桥进行了全面的实地考察。我国著名桥梁专家茅以升得出的结论是："根据考察后初步推算，小商桥开始创建的年代，早于隋朝大业年间（605—616年）的赵州桥。"

2. 宝带桥

位于苏州东南葑门外六里的宝带桥，比赵州桥略晚，始建于唐朝元和十

苏州宝带桥

一年至十四年（816—819年），因唐刺史王仲舒捐献宝带资助建桥而得名，是著名的多孔古石拱桥。这座桥总长近317米，有53孔，桥中间宽4.1米，桥两端宽6.1米，有雕塑作品石狮和石塔等位于其上。为使较高的船舰通过，中间有三个大孔；其他的孔较小，桥墩也做得狭窄，约厚60厘米。宝带桥最大跨度为6.95米，桥跨与墩宽比是11.6：1，从而使桥下泄水面积达85%，在世界古拱桥中位列第一，充分展示了我国古代工匠的聪明才智。

3. 卢沟桥

距今约800年的卢沟桥是一座著名的联拱石桥，坐落在北京西南郊永定河上，在金朝明昌三年（1192年）落成。永定河历代以来洪患严重，有"无定河"之称。春季又有流冰的危害，因此该桥在筑墩工程上，不仅"扎根"牢固，能承受单边巨大推力，而且将墩体向水流方向筑成尖嘴，方便夏泄洪水，开春时敲击卢沟桥的石狮子流凌。至今安全无恙，傲然挺立。卢沟桥是联拱式石桥，全长共

第一章　中国古代的境内交通

212.2 米，加上两端桥堍，一共长 265 米；宽 8 米多，共有 11 个桥孔。这座桥不仅做工精细，而且桥上的华表、桥栏以及石狮等雕刻美观大气，是非常难得的艺术精品。位于卢沟桥上的石狮子驰名中外，早在几百年之前就流传着"卢沟桥的石狮子——数不清"的民间传闻。1962 年，有关人员对这些形态各异的石狮进行了细致清点，最终结果总共有 485 个。然而之后又从河中挖出了一只石狮，据此人们猜测河中应该还埋有石狮子。意大利人马可·波罗看到这座桥后更是震惊万分，称赞卢沟桥为"实在是世界上最好的独一无二的桥"。

卢沟桥的石狮子

知识链接

马可·波罗小档案

马可·波罗（Marco Polo），世界著名旅行家和商人。出身于意大利威尼斯一个商人家庭，生于 1254 年，也是"旅行世家"。他的父亲尼科洛和叔叔马泰奥都是著名的威尼斯商人。

17 岁时，他跟随父亲和叔叔，途经中东，历时四年多到达元帝国，于 1275 年到达元朝的首都，和大汗忽必烈交情颇深。他在中国游历了 17 年，曾经到过中国的许多古城，到过西南部的云南和东南地区。回到威尼斯之后，马可·波罗在一次威尼斯和热那亚之间的海战中不幸被俘。他在监狱里口述旅行经历，由鲁斯蒂谦（Rustichello da Pisa）代笔写下著名的《马可·波罗游记》（Ⅱ Milione）。在《马可·波罗游记》中，他记述了自己在东方最富有的国家——中国的见闻，对中国的繁荣昌盛大加称赞。发达的工商业、繁华热闹的市集、货美价廉的丝绸锦缎、宏伟壮观的都城、完善方便的驿道交通、普遍流通的纸币等。书中的内容，使每一个读过这本书的人都无限神往，激起了欧洲人对东方的巨大热情，对以后新航路的开辟产生了巨大的影响。

卢沟桥以其精美的石刻艺术在国际上享有盛名。桥的两侧有281根望柱，柱头刻着莲花座，座下为荷叶墩。望柱中间嵌有279块栏板，宝瓶、云纹等精美雕刻遍布栏板的内侧和桥面外侧。每根望柱上有金、元、明、清历代雕刻的数目不等的石狮，其中大部分石狮是明、清两代原物，金、元两代则数量不多。这些石狮蹲伏起卧，千姿百态、生动逼真、极富变化，是卢沟桥石刻艺术的精品。

在桥的两端共设有华表4根，高约4.65米，不管是近看还是远观，其皆显得壮丽美观。桥畔两头还各筑有一座正方形的汉白玉碑亭，每根亭柱上盘龙纹饰雕刻得非常精细。一座碑亭内竖着清朝康熙帝重修卢沟桥碑；另一座碑亭内立有清乾隆帝御书"卢沟晓月"碑。

建于明末拱卫京都的拱极城位于桥的东头，现改名为宛平县城。1937年7月7日在这里爆

卢沟桥石碑

发的"卢沟桥事变",点燃了抗日战争的熊熊烈火,城墙上至今还留着累累弹痕。时至今日,宛平县城已成为一处具有重大历史意义的纪念地。城内北侧建有"中国人民抗日战争纪念馆"。城东侧辟为"抗日战争烈士陵园"。城楼上有"七七事变"纪念馆和中国古桥陈列馆。

索桥

索桥,也叫作吊桥、绳桥、悬索桥等,是用竹索或藤索、铁索等为骨干相拼悬吊起的大桥。古书上称为絙桥、笮桥、绳桥。索桥在我国西南地区较为常见,大多建立在水流湍急且不适于做桥墩的陡峭悬崖或危险深谷之上。其做法是在两岸建屋,屋内各设系绳的立柱和绞绳的转柱,然后用许多粗绳索平铺系紧,再在绳索上横铺木板,有的在两侧还加一至两根绳索作为扶栏。我国是最早建立索桥的国家,一般国外学者认为中国大约在3000年前就已经有索桥出现,经考证,我国最早的索桥是四川益州(今成都)的笮桥,建于秦朝李冰任蜀守时(公元前251年),距今已2200多年。而西方直到16世纪才有索桥出现。在我国古代的云贵川地区,因为江流众多,而且大多江流水势湍急,很不适宜建造桥墩,所以在怒江、澜沧江、金沙江上游,在雅砻江、大渡河、乌江、北盘江以及秦岭山区、台湾山区,各种类型的索桥比较常见。其中,贵州的盘江桥、四川的泸定桥、云南的霁虹桥在国际桥梁史上都负有盛名。

古代索桥主要包括独索与多索两大类。独索桥又叫作溜索桥。根据古书记载,溜索桥是在河两岸分别立柱,用竹绳编成一根粗索连接两边,索上穿有木筒,筒下再与绳子相连。在人们过河时,首先要把绳捆在身上,手扶木筒,顺着横索渡过。多索桥就是有并列的多根缆索,上面铺有木板作为桥面,有的还在两边悬索当作栏杆,有的干脆连栏杆都没有。悬在半空的索桥,随风摇晃,首次过索桥时难免会胆战心惊。在众多的古代索桥之中,四川都江

中国古代交通
ZHONG GUO GU DAI JIAO TONG

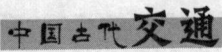

堰的珠浦桥，便是竹索桥的杰出代表，那凌驾于大渡河的泸定桥，就是铁索桥中的佼佼者。

1. 珠浦桥

时至今日，人们前往四川到都江堰参观浏览，珠浦桥是不容错过的古迹。珠浦桥横跨岷江内外两江，是我国古代典型的竹索桥，位于二王庙西，杨泗将军庙前。珠浦桥的修建年代已不可考，只知宋代以前他的名字就叫"珠浦桥"，后曾更名，曾于明末时期被战火摧毁，现在我们所见到的珠浦桥是清朝时重建的，当时名为"安澜桥"。

珠浦桥

珠浦桥全长340米，宽3米多，高近13米。本桥八孔连跨，最大一孔跨径达61米，拥有极好的稳定性，行走其上，几乎感受不到震荡。全桥用细竹篾编成24根竹索，每根竹索粗5寸，其中10根作底索，上面横铺木板当桥

珠浦桥邮票

面，压板索2根，还有12根竹索分列桥的两旁，当作扶栏。绞索设备安装在桥两端石室内的木笼中，用木绞车绞紧桥的底索，用大木柱绞紧扶栏索。因为竹索太长，从两头绞紧十分不易，所以在桥梁中间的石墩上增添一套绞索设备，也置于石室木笼中。在木笼上面，修建桥亭。亭分2层，上层用木梁密排，装砌大石，以作压重；下层中空，以便行人。可以说设计者在设计这座索桥时颇费苦心，才会使其结构如此巧妙，至今仍令人惊叹。

2. 泸定桥

泸定桥坐落在四川省甘孜藏族自治州泸定县城西，被人们称为大渡河铁索桥，是甘孜州的门户，建造于清康熙年间，是康熙帝御批修建的悬索桥。

修建泸定桥以前，生活在大渡河两岸的人们只能通过渡船或溜索到达对岸，十分不方便，行进到此的军队也是无法通行。公元1705年，康熙皇帝为了统一全国，解决汉区通往藏区道路上的梗阻，便下令修建了大渡河上的第一座桥梁——泸定桥。说起"泸定桥"的名字，还具有深刻的含义：当年康熙帝取"泸水"（即大渡河旧称"沫水"，康熙错以为"泸水"）"平定"（平定西藏准噶尔之乱）的意思，御笔亲书"泸定桥"三个大字，并在桥头立此御碑，碑文正文为"泸定桥"，而横批为"一统河山"。从此泸定桥便成为连接藏汉交通的纽带，泸定县也由此而来。

泸定桥全长103.67米，宽3米，构成部分包括桥身、桥台以及桥亭：桥身由13根碗口粗的铁链组成，左右两边各2根，是桥栏，底下并排9根，铺上木板，就是桥面。每根铁链由862至997个由熟铁手工打造的铁环相扣，据统计铁

泸定桥

国家博物馆泸定桥铁锁链

环共计12164个，而整座铁索桥铁件的重量达40余吨。底链上铺满木板，扶手与底链之间用小铁链相连接，这样一来，一个整体就由13根铁链组成。桥的两岸有桥台，高20米，上为梯形，下为方形，用条石砌筑而成。两个桥台的后面各开有一口深6米的落井，每口井都有7根或8根生铁铸就的地龙桩，与桥身平行地插在井底的井壁上。地龙桩下面再横卧一根铁铸卧龙桩，每根重1800斤。泸定桥的铁索就固定在这些卧龙桩上，由桥台和桥桩的重力共同承受桥的拉力，非常坚固。桥亭位于两岸的桥台上，不仅能够使落井免遭雨水侵蚀，还作为官府专门征收过桥税的场所。

在当时的条件下，这样重的13根铁链是如何被拉过江的呢？答案有两个版本，一个是传说版，一个是现实版。传说版称修桥的时候，13根铁链无法牵到对岸，用了许多方法都以失败告终。有一天，来了一位叫噶达的藏族大力士，两腋各夹1根铁链乘船渡过西岸安装，当他运完13根铁链后，因劳累过度而

第一章 中国古代的境内交通

死。当地人为了纪念这位修桥的大力士，特别为他修建了一座庙宇供奉。而现实版则是在修建此桥时，荥经、汉源、天全等县的能工巧匠云集于此，共同商议对策，最后采用了索渡的原理，即以粗竹索系于两岸，每根竹索上穿有10多个短竹筒，再把铁链系在竹筒上，然后从对岸拉动原已拴好在竹筒上的绳索，就这样巧妙地把竹筒连带铁链拉到了对岸。传说版当然不可信，但它的存在却为这座桥平添了几分神秘气息。而现实版的记载，则把我国古代劳动人民的聪明才智体现得淋漓尽致。

当然，提到大渡河上的铁索桥，就不得不提毛泽东"金沙水拍云崖暖，大渡桥横铁索寒"的诗句和红军飞夺泸定桥的辉煌战绩，原因是这些都为这座在工农红军长征途中立下汗马功劳的铁索桥增添了光彩。

知识链接

飞夺泸定桥的故事

飞夺泸定桥是中国工农红军长征中的一场战役。

1935年5月25日，红军在安顺场抢渡大渡河后，几万红军需要渡河，但是当时只余下几只小船，如果用船渡的方式到达对岸，最快也需要一个月的时间。然而追兵已经近在咫尺，形势十分严峻。5月26日上午，毛泽东、周恩来、朱德等人紧急商议后，当即做出了夺取泸定桥的指令。其部署是由刘伯承、聂荣臻率领红一军团一师和陈赓、宋任穷领导的干部团为右路军，由中央纵队及1、3、5、9军团为左路军夹河而上攻占泸定桥。左路军由王开湘、杨成武率领的红二师4团为前锋攻击前进。接令后红4团

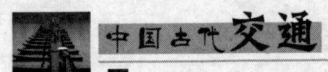

昼夜兼行240华里山路，在29日凌晨，出其不意地出现在泸定桥西岸并与国民党交火。

80余米的桥板在当时早已被敌人拆除，此外，敌人还在东桥头下令机枪与炮兵各一个连的兵力组成密集火力，对泸定桥桥面进行严密封锁。下午四点，红4团第2连连长廖大珠等22名突击队员冒着枪林弹雨，沿着光溜溜的铁索链向东桥头猛扑。在王友才的领导下，紧跟其后的三名战士背着枪，一手抱木板一手抓铁链一边向前行进，一边铺设木板。当勇士们爬到桥中间时，敌人在东桥头放起大火，妄图用烈火阻击红军夺桥。勇士们面对这突如其来的烈焰，高喊："同志们，这是胜利的最后关头，鼓足勇气，冲过去！莫怕火，冲呀！敌人垮了，冲呀！"廖大珠一跃而起踏上桥板，扑向东桥头，勇士们紧跟着也冲了上来，抽出马刀，与敌人展开殊死搏斗。此时政委杨成武率领队伍冲过东桥头，打退了敌人的反扑，并与左岸部队合围占领了泸定城，迅速扑灭了桥头大火。不过两小时的战斗历程，泸定桥便被红军惊险地夺下了。中央红军主力随后从泸定桥上越过天险，粉碎了蒋介石南追北堵欲把借助大渡河天险将红军变成第二个石达开的美梦。

泸定桥因此成为中国共产党长征时期的重要见证，为实现具有重大历史意义的红一、二、四方面军会合，最后北上陕北结束长征夯实了基础，在中国革命史上写下了不朽的篇章。

现在，在泸定桥边的"红军飞夺泸定桥纪念馆"里，庄严肃穆地竖立着22根方柱子，它们代表着当年飞夺泸定桥的22位勇士。它们绝大多数是无字碑，只有5根柱子上刻有名字；5根柱子中，又仅有一根带有头像。这是因为当时十分紧张的战况下，刚夺完泸定桥，部队又迅速向前打，结果导致没来得及及时记录下这22位勇士的姓名。后来在长征路上,他们多数都先后牺牲了。留下名字的,除了担任突击队长的二连连长廖大珠外,还有二连政治指导员王海云,二连支部书记李友林,及抽调支援的三连支部书记刘金山,还有唯一一位留下下落和相片的副班长刘梓华(生前系天津廊坊军分区的副参谋长,1951年患恶性淋巴肿瘤去世)。

浮桥

所谓浮桥,古时又叫作舟梁。它用船舟来代替桥墩,故有"浮航""浮桁""舟桥"之称,属于临时性桥梁。由于浮桥架设简便,成桥迅速,经常在军事战争中被应用,因此又被人们称为"战桥"。

浮桥有两种结构形式:①传统形式。在船或浮箱上架梁,梁上铺桥面。②舟、梁结合形式。舟(箱)体、梁、桥面板结合成一体,船只首尾相连成纵列式,或舟(箱)体紧密排列成带式。上、下游设置缆索锚碇,其目的是保持桥轴线的稳定。桥两端设栈桥或跳板,以便和岸边相连。为适应水位涨落,两岸还会设置升降栈桥或升降码头。

浮桥可说是大型桥梁的先辈。它是用

浮桥

船渡河的一个发展，又是向建造固定式桥梁的一个过渡，浮桥是介于船和桥之间的一种渡河工具。我国最早的桥梁就是浮桥，《诗经·大雅·大明》中记载"亲近于渭，造舟为梁"，就是指的西周初年，文王姬昌18岁娶亲时，在渭河上造了一座以舟船为主体的浮桥，至今已有3100多年的历史了。浮桥在我国汉唐时期已被广泛应用。千百年中，建过的浮桥难以统计。许多地区在建造永久性桥梁以前，总要先造浮桥，以便摸索并了解水情，然后再寻求合适的永久性桥型，前面提到的洛阳桥是一例。据粗略统计，仅在长江和黄河上就曾架设过近二十座大型浮桥，其中军用浮桥

灵江浮桥

占据绝大部分。但浮桥牢固性差，很少能保留到现在。现存距今最早的，也是最有代表性的古代浮桥，是浙江省临海县的灵江浮桥。

灵江浮桥，原名中津桥，位于临海县城的南门外。据《临海县志》记载，中津桥在兴善门外金鸡岭下，宋淳熙八年（1181年）由郡守唐仲友创建，桥长287米，宽5米余，具有相当的规模。临海地区距海较近，在潮汐作用下，灵江水面一日涨落相差数米。为了建好浮桥，唐仲友采取1∶100的桥梁模型在水池中进行试验，获取适应当地潮水涨落的浮桥形式，并向施工人员示范讲解浮桥结构原理，然后按模型修建桥梁。

在正式建造中，民工用每2船组成1节，共组成25节，用船50条。然后用缆索、地锚、锚碇等锚固设备把浮桥的所有船只联系成桥并固定起来。为了适应江水大幅度的涨落，浮桥的一端在岸边固定，另一端采用桥面可升降

的栈桥与河岸衔接,如此一来,随着水势高低,桥梁就能轻而易举变换坡度。这种做法与现代浮桥的架设方法十分接近。

中华人民共和国成立以后的1964年,一座公路大桥在临海县被建成,有关部门把浮桥移到县城西门外上津浮桥原址。靠近西门一侧的浮桥下设有过船孔,可以不拆断浮桥而让航船通过,形成了1座主体交叉式的桥型,过桥孔两侧的木船上竖有木排架,高1.2米,自水面至桥面有高2.2米的净空,使船只可以自由通航。现在,这座由两根铁链系住的浮桥,其中铁链用2厘米直径的铁杆弯成,固定在岸边地锚上。地锚用直径40厘米的优质青石条制成,打入地中,非常牢靠。

特殊桥梁

中国古代的桥梁,还有一些结构特殊、风格奇异的桥梁建筑,它们在桥梁史上同样具有重要的地位。

1. 广济桥

坐落于潮州市东门外的广济桥,是古代闽粤地区的交通要道,又称湘子桥。与赵州桥、洛阳桥、芦沟桥并称"中国四大古桥",是中国第一座启闭式浮桥。湘子桥是因唐代韩愈赠韩湘子诗中的"知子前来深有意,欲收吾骨瘴江边"而得名,一直沿用到明代。

广济桥是一座开合式的桥梁,江中心以浮船相连,两边修建有柱梁式桥梁。简而言之,就是石柱桥位列两侧,浮桥位于中间。此桥的特点是能开能合,这在中国古代桥梁史上是非常独特的。

据《广东通志》记载,广济桥宽10米,长600米。西岸桥墩,创建于1165—1173年。东岸桥墩,创建于1190—1194年。1426—1435年,知府王源叠

中国古代交通
ZHONG GUO GU DAI JIAO TONG

石重修。西岸十墩九洞，长 165 米。东岸 13 墩 12 洞，长 289 米。中孔 91 米，浮梁由 24 只小舟构成。除此，又建亭屋 126 间。现存的广济桥，其布局和结构仍沿袭宋代模样。

广济桥的开合，每天规定早晚两次将浮桥的一段拆开，放江船通过，然后再合起来。这是一段用铁缆相连的 24 艘大船组成的浮桥，上面铺设木板。有大船和木排过河，便解开数只，过后还原，行人车马依然通行。这种开合式桥梁，既解决了桥梁与河运的矛盾，又避免了财力物力的浪费，不失为一个良好的设计方案。

广济桥

2. 鱼沼飞梁

鱼沼飞梁坐落在山西省太原市区西南的晋祠圣母殿前，是一座精致的古桥建筑。建于北宋天圣年间（1023—1032 年），距今已有近千年的历史。这种十字形桥也是中国现存古桥梁中的唯一一例，具有独特的价值，是国务院公布的第一批国家一级文物。

古人以圆为池，方为沼。因此沼原为晋水第二大源头，因其水流量大，游鱼多，因而以鱼沼命名。桥面分东西向和南北向，东西向通圣母殿，桥面平直，长约 18 米，宽约 6 米。南北桥面长约 17 米，宽约 6 米，从平台起分别逐渐下降，呈 21% 的坡度。桥下为柱梁结构，石柱 30 厘米见方，上端微有卷杀，柱上有柏枋相交，枋上安置大斗，斗上施十字拱相交的承梁。桥下立着

鱼沼飞梁

两排石柱，分别都为13根，整座桥梁共用石柱54根。

3. 木桁架桥

木桁架桥，也是古代桥梁中极为罕见的。这种桥的结构与柱梁式桥梁和石拱桥都有区别，桥下柱梁上设置叉手构架，构架上端顶着桥面，梁与桥面不直接相连。

据有关资料表明，早在元代时期就有这种构造的桥梁存在。山西洪洞县霍山水神庙内明应王殿壁画中，就有一座木桁架桥，绘于1324年。在西方，认为木桁架的发明者是意大利柏拉弟奥，据说他是在1570年之际绘制的木桁图画。这样看来，中国至少要比他早246年。这种结构的桥梁，在甘肃境内也曾出现过。如甘肃甘南藏族自治州的廊桥，桥下是伸臂式结构，桥上廊屋内的结构就是大叉手构架。

木桁架桥

第三节
中国古代的内河航运及海运交通

中国古代的水路与陆路有着相似的历史，水路在先秦时代伊始就成为人们交通的重要组成部分。历代统治者都对水路开凿极为重视，如今国内的不少水路漕渠都是在古代开凿的。我国的地势西高东低，黄河、淮河、长江、珠江等主要大河都是由西向东流，这就为东西水上交通提供了便利条件。但也由于这样的地理特点，由南向北的水运相对就比较困难。但这些东西走向的大河却有许多南北走向的支流，这些支流之间往往相距较近，这些大河的中下游又地势平坦，湖泊星罗棋布，这就为人工运河的开凿提供了条件，也为南北利交通的建设提供了可能。为了生存和发展，勤劳且聪慧的中国先民，在利用天然的内河、湖泊和海洋航运的同时，很早就设计并开挖人工运河，接通天然河道，扩大了航运范围。全世界开凿运河最早的国家就是中国，到秦汉时期，已经形成了一个全国性的运河网。

先秦时期的河运

水作为人类的必需品，也给人类带来了极大的危害，人类与水始终有着亲密的接触，不断地跟水打交道，渐渐地，人们熟悉了水的某些特性。人们发现木头一类的东西能浮在水上，甚至可以骑着这样的木头渡河。随着生产力的发展,人们不断地改进生产工具,也不断增强御水的本领,从编木为伐,到把一块大原木挖成独木舟,人们日益熟悉了水的性质,能在水上活动了。而在我国的远古传说中提到,黄帝的大臣共鼓、货狄发明舟,部落首领颛顼发明浆、篙,帝喾发明舵和橹,尧发明纤绳等等。这些记载表明,劳动人民在远古时期的生产活动中,一定创造了船只。在商朝的甲骨文上已有了"舟"字,当时也发明了木板船。据甲骨卜辞记载,在商代后期,航运往往被奴隶主用作镇压奴隶反抗的工具。商王武丁时期,武丁曾下令乘船追击大批逃出王室的奴隶。这些船前后用了15天,终于把奴隶捕捉回来。这个事件从一个侧面反映了商代航行技术的状况。水运到了西周时期,又有了进一步的发展,因为人们在水路交通上不仅限于自然河道,而且开始挖掘人工河道。

尧帝

春秋时期,为了方便交通,各国都开始开凿运河。首先是陈国和蔡国开凿了一条将淮河的两条支流沙水和汝水连通起来的运河,用来方便两国的交通往来。然后楚国也开凿了一条从都城郢(今湖北江陵北)到汉水的水道。吴国在这方面有了更大的进展,它相继开凿了沟通太湖和长江的胥河、沟通长江和淮河的邗沟以及沟通淮河和黄河的荷水。稍后,魏国也开凿了沟通黄河和淮河的鸿沟。在这些人工运河中,胥河、邗沟、荷水以及鸿沟都起到了比较重要的作用,因而在历史上非常著名。

胥河、邗沟、荷水都是吴国为战争而开凿的。春秋末年,阖闾、夫差父子相继为吴王,而吴国也在伍子胥、孙武等人的支持下,逐渐强盛起来。吴

邗沟

王由于日益强盛的国力而起了进攻楚国等扩张国土的野心。但如果从陆路攻打楚国，吴国将面临长途跋涉的挑战，为了缩短从苏州到安徽巢湖一代的路程，吴国于公元前506年开挖了胥河。胥河开通后，吴国的船舶可以从苏州通太湖，经宜兴、高淳，穿石臼湖，在芜湖进入长江，这样就解决了路途遥远的难题。据史料记载，吴国迅速打败楚国后又将越国攻占，导致越王勾践不得不臣服于吴王。取得两次重大的胜利后，夫差认为吴国在长江流域已经独霸一方，决定进一步进犯北方，迫使北方诸侯也听从他的号令，于是在公元前486年又修通了邗沟。古邗城在今扬州市西北郊蜀冈一带，修筑邗城主要是为了在江北建立起进军北方的基地。基地建好后，还需要开通向北运送军队和粮食的通道，因而邗沟又被开凿出来。

邗沟，有被后人称为山阳渎，据《水经注·淮水注》的记载，它从邗城西南引长江水，绕过城东，折向北流，从陆阳、武广两湖（分别位于今高邮

第一章 中国古代的境内交通

县东西）间穿过，北注樊梁湖（今高邮县北境），又折向东北，穿过博芝、射阳两湖（位于兴化、宝应间），再折向西北，到末口（今淮安市东北）入淮河。古人之所以设计如此曲折的邗沟渠线，那是因为开凿时为了减少工程量，大部分渠道都是利用天然湖泊相连接。邗沟全长约150公里，它开通后大大方便了南北航运，使吴国军队能够通过这条运河从长江直接进入淮河，为从水上攻打齐国提供了便利条件，也为大军进攻中原大地提供了先机。开凿邗沟后的第三年，即公元前484年，吴军与齐军大战于艾陵（今山东泰安市南），齐军几乎全军覆灭。据史书记载，邗沟是我国，也是世界上有确切纪年的第一条大型运河。除了为吴国的军事行动立下汗马功劳外，后来江淮运河的开凿也是在这条运河的基础上完成。吴国打败齐国后，决定进军中原，用强大的军事力量迫使原来北方诸侯首领晋国就范。为了实现这一军事计划，吴国又开凿了一条运河——荷水。那时，黄淮之间的东部有两条较大的自然河道，一条是济水，原黄河的岔道；一条是泗水，最终流入淮河。泗水与济水相距不远，只要在两河间开一条运河，吴国的军队就可以从淮河进入泗水，通过运河转入济水，上溯济水，可达中原腹地。于是在公元前482年，吴王夫差就在今山东省鱼台县东和定陶县东北之间凿开一条新水道，因其水源来自菏泽，所以命名为荷水。荷水的成功开凿同样为吴国的政绩和军事发展带来了极大的便利，同时，在此后很长一段时间内，它也为加强黄河、淮河和长江三大流域的经济、政治、文化的联系作出了重要贡献。

　　以大梁为中心开凿而成的运河——鸿沟，是魏国兴起的。在战国时期，魏国通过变法最先从七国中崛起。魏惠王在位时（公元前369—319年），为了与列国角逐，迁都于大梁（今河南开封西北）。迁都后，魏国多次动工开凿以大梁为中心的运河，这就是历史上著名的鸿沟。鸿沟先在河南荥阳把黄河带有较多泥沙的水引入圃田泽（在今河南省中牟县西，已湮），使水中的大部分泥沙沉积在圃田泽中，不仅减轻下游渠道的堵塞，又使圃田泽起到水柜的作用，调节鸿沟的水量。然后引水向东，绕过大梁城的北面和东面，向南与

43

淮河支流丹水、睢水、涡水、颍水等连接起来。鸿沟所经宋、郑、陈、蔡、卫、曹等六国之地，连接济水、泗水以及荷水等主要河道，形成黄淮平原上的水道交通网，船只可以畅通无阻。鸿沟的开凿，有效促进了当时的政治、经济和文化的交流与发展。

秦汉时期的河运

在中国古代交通史上，秦汉是发展的关键时期。随着大一统专制主义王朝的建立和巩固，全国规模的交通网也随之形成。除了陆路交通的突出发展之外，水路交通，尤其是内河航运也表现出显著的进步。当时，主要河流的主要河段都已通航，为便利水运，还开通了许多人工河道。秦汉时期，内河航运除了成为统治者生存并确保其行政效能的重要条件外，后世河运也是在此基础上发展起来的。

公元前221年，秦始皇前后一共花了10年时间，才最终使中原地区得到统一，紧接着又向岭南进军。由于五岭地区地形险峻，致使行军非常困难，秦军的进攻效率因粮草运输不及时而更加减慢。公元前219年，秦始皇到湘江上游出巡，为了解决南征部队的粮饷运输问题，派遣水利专家史禄开凿水渠，决定在五岭之上开凿一条运河。运河设定的路线，就在今天广西壮族自治区兴安县城附近湘江与漓江的分水岭上。这里两江相隔不远，最近处达到1.5千米；山很低，相对高度只有20～30米。只要两江沟通，中原地区用船运来的粮草，就能够从水路一直翻越五岭，直达岭南地区。为了尽快完成这个任务，数十万秦军与民工日夜劳作，进行了艰苦的开凿工程。

大运河系统之组构说明

第一章 中国古代的境内交通

历经5年多的努力，世界上最古老的运河之一——灵渠最终挖成了。秦军的粮草运输问题被这条新开通的长33千米的运河轻易解决了，之后，秦兵的军事行动取得最终胜利只是时间的问题。最终秦始皇控制了岭南，并在今天的桂林与广州以及雷州半岛地区设置了三个郡，在中国历史上，空前统一的局面首次出现。

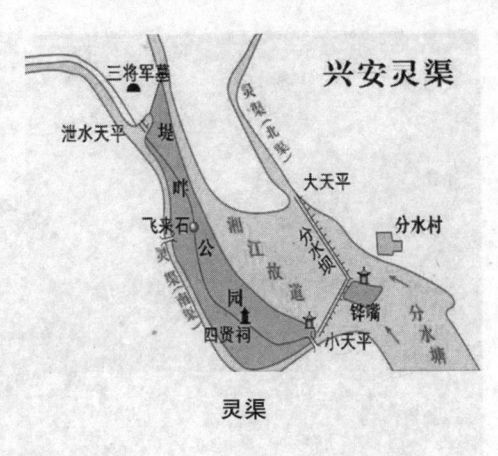

灵渠

灵渠的贯通实现了珠江水系和长江水系的直接通航，它的开凿更是体现了古代劳动人民的智慧与力量。修建灵渠的最大障碍就是在五岭的险峻地形上如何找到让船"上山"的办法。要想让船顺利"爬"上山，对水面"坡度"的控制要求就比较高。水面的"坡度"在航行术语上叫作"比降"。实践经验证明，适合于航行的比降应在小于1/3000之下，也就是在长3000米的水路上，水位升高或者下降不得超过1米。一旦超出这一范围，就会导致比降增大，水流更加湍急，不利于航行运输事宜。事实上湘江水面与漓江水面的水位差非常大，哪怕用筑堤的办法来提高水位，比降依然太大，根本无法满足要求。为了解决这一问题，在开挖灵渠时，他们设计令河道迂回曲折，尽量多拐几个弯。这样，有限的河道就被大大延长了，当然比降也就相应缩小了。尽管如此，有的地方比降依然太大，最高达到1/160，也就是说，船每走160米，水位就会上升或下降1米。假如还像前面那样继续将河道延长，就需要再多走几个"之"字形，让比降减低到1/3000，那河道就会延长20倍，这样实现的难度太高。于是，人们又发明了"斗门"，也称为"陡门"，也就是现在的船闸。在灵渠水位比降大并且不适于延长河道的地方，就分别利用巨石制作多个斗门，最多的有36座，最少的也有10座。每个斗门都配有专用的工具，像是斗杠、斗脚、斗编等。船进入一个斗门之后，随即将身后的斗门用专用的工具堵严，确保其不会漏水，

灵渠

之后再慢慢开启前进方向上的另一个斗门。伴随着斗门打开，水从前方的斗门涌进来，不一会，两个斗门间的水位就持平了，于是，使船一级级向山上"爬"的愿望便实现了。采用同样的方法，船也可以顺利地从山上一级一级"爬"下来，只不过方向相反而已。

　　除去使船"爬"上山的好办法外，将湘江水引到灵渠的分水工程也是当时的一个重要创举。由于湘江上游的海洋河水量相当丰富，分水工程就修在了海洋河上，以此保证灵渠能够保持充足的水量，方便船只从海洋河通过分水工程进入运河。分水工程的旧址就建立在兴安县城东南约2千米远的分水村里。这里虽然不是距离运河最近的地方，然而此处海洋河床较高，方便将水引入运河。分水工程包括两部分，分别为人字形的拦河坝、铧嘴，所以将分水工程选在此处无疑是最好的选择。平时，坝下的一段海洋河旧道不会通水，只有到洪水到来时，大水才会翻越大坝流入旧道。铧嘴位于人字形拦河坝顶端的河心，可将海洋河水分成两部分，七分进入北渠，三分进入南渠。进入北渠的水，从人字坝向北，途经大约3.5千米的渠道，到达今洲子上村

附近，返回到湘江故道；进入南渠的水，途经人工开凿的 4.5 千米的渠道，直接引入灵渠，作为运河的主要水源。

灵渠，是我国乃至世界上最早建设并投入使用闸、横跨山峪的运河。在国外，最早的船闸到了 1375 年才在欧洲的荷兰出现，而这时，我国已经进入明朝了。我国古代劳动人民发明的这种利用船闸的行船技术，一直沿用至今。在 19 世纪末开建、20 世纪初修建而成的巴拿马运河，同样也使用了这种技术。

知识链接

巴拿马运河

巴拿马运河地处中美洲的巴拿马，横穿巴拿马地峡，使太平洋和大西洋在此处连接起来，是重要的航运要道，被誉为世界七大工程奇迹之一以及"世界桥梁"。在开凿这条运河之前，在美国东西两岸间往来的船只，只能绕道位于南美洲的合恩角，而通过巴拿马运河则可缩短航程约 15 000 千米。

巴拿马运河的长度约为 65 千米，宽的地方高达 304 米，最窄的地方也有 152 米。巴拿马运河属于水闸式运河，整个运河的水位高出两大洋 26 米，设有 6 座船闸。仅需要 9 个小时，普通的船舶就能通过巴拿马运河，可以通航 76000 吨级的轮船。

巴拿马运河由美国建成，自 1914 年通航至 1979 年，一直由美国独自掌控。1979 年，运河的控制权转交给巴拿马运河委员会，但这是一个由美国和巴拿马共和国共同组成的联合机构。1999 年 12 月 31 日正午，运河的经营管理权全部交给巴拿马，由巴拿马运河管理局全权负责。

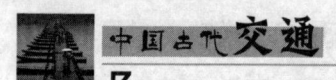

汉武帝时期，为了解决关中地区对东方漕粮的需求和黄河渭水运输的问题，开始整顿运河漕运。元光六年（公元前129年），汉武帝采纳大臣郑当时的提议，命令著名的水工徐伯，率领数万民工开凿一条和渭河平行的漕渠。漕渠在渭河南岸，傍渭东行，途经今临潼、渭南、华县、华阴，至潼关附近注入黄河，全长100多公里。后来又提出新的方案，开凿褒斜道，避开黄河中的砥柱，将山东的粮食从汉水经褒水、斜水槽运到关中地区。

汴渠和阳渠是东汉重点建设的两条通漕运河。汴渠原来是鸿沟系统的汜水，因西汉时期黄河泛滥，鸿沟破坏，等到了王景治理黄河、黄河归入正轨，鸿沟系统只剩下汜水了。汴就是汜，汴渠就是汜水。东汉时期，以洛阳为都城的原因就在于东部的产粮面积广阔。东方漕运船只，必须由汴渠入黄河，才能转入洛水。因而，统治者就开始打起了汴渠的主意。到了光武帝二十四年，张纯任大司空，重提整理洛水水道，但是改变了王梁的做法，在洛阳城南"穿阳渠引洛水为漕"。阳渠东至偃师，再归入洛水，并取得了成功。

隋唐时期的航运

在隋代，我国的运河开凿工程进入一个全新时期，即南北大运河的形成时期。在中国运河开凿史上，尽管在隋以前就有蜿蜒曲折南北通达的水道可循，但是还没有哪个朝代完成了纵贯南北的大运河，只有隋代第一次完成了纵贯南北的大运河。在我国古代运河发展史上，可谓承前启后，是最为重要的发展时期。

在这一时期，最伟大的工程无疑是南北大运河的贯通。京杭大运河是世界上最长的运河，它北与海河相连，南与钱塘江相接，将海河、黄河、淮河、长江和钱塘江五大水系，连成了统一的水运网。在隋以前，除秦汉和西晋是统一时期外，春秋战国和三国东晋南北朝则处于长期分裂割据，使运河的开凿多半是属于地方性的，范围很小，流程也比较短，只是局部地沟通了江、淮、河、海。只有隋朝所开的南北大运河，才沟通了海、河、淮、江、钱塘江五大水系，贯穿了河南、河北、江苏、浙江等省，全长5000华里，成为世界上开凿最早、航程最长、最雄伟的一条人工运河。可以说，大运河的开凿体现了我国古代劳动人民改造大自然的伟大力量和其自身的聪明才智，而作为当政者的隋炀帝，却因此留下贪图享乐、不顾人民死活的千古骂名。很多人认为，大运河的开凿主要是因为隋炀帝杨广这个暴君穷奢极欲、爱好游玩，但我们应该客观地看待这个问题。我国的大江大河大都是从西往东横向流动的。在现代陆路交通工具还没有出现的情况下，开凿一条纵贯南北的水路运输，是非常有必要的。特别是在结束南北朝分裂局面，隋朝实现了全国统一之后，南北大运河的开通是刻不容缓的趋势。当时，隋朝的政治和军事中心在北方，而南方江淮地区的经济却有了很大的发展。北方城市所需要的物资，特别是粮食，有很大一部分要依赖江淮地区供应。怎样把这些粮食源源不断地运到北方地区，这是摆在统治阶级面前不得不解决的重大问题。物资自然可以通过陆路交通进行运输，但是因其耗资大速度慢的缺点，很难满足统治者的需求。只有利用水道运输，才能很好地完成这项任务。除此之外，南北经济自身的发展，也迫切地要求加强南北经济的联系；另外，从加强政治统治、满足军事需要的角度，开凿南北大运河也势在必行。所以，当时开凿运河是时代的需要和历史的必然，不能把它简单地归咎于隋炀帝的贪图享乐。但是，由于开凿运河是一项艰巨的工程，在当时的历史条件下势必给劳动人民带来巨大的灾难。隋炀帝强征几百万民工修筑运河，严重地破坏了生产，使成千上万的民工惨死在运河工地上。晚唐文人韩偓写的《开河记》中描写了修河民工的悲惨生活。文中写

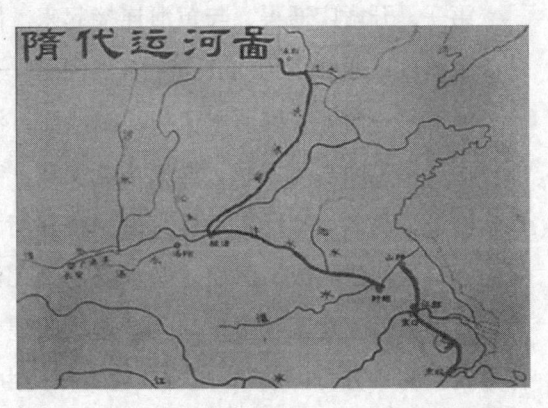

隋代运河图

道，隋炀帝派遣了酷吏麻叔谋主管修河，强制规定，凡是15岁以上的所有男丁都必须参加修河工程。共征发了360万人。同时又从五家抽一人，或老，或少，或女子，担负供应民工的伙食炊事。另外，隋炀帝还派出了五万名彪形大汉，各执刑杖，作为督促民工劳动的监工。因为劳动负担很重，监工督责太急，动不动就用棍棒毒打，所以不到一年，在360万民工中，就有250万人在修河过程中死亡。

运河开凿工程，并不是人们想象得那么简单。要求在勘察测量、节制水量、平衡水位差、利用天然湖泊和故水道等，都必须有高超的科学水平。隋代开凿运河时对这些复杂的技术问题如何解决且怎样进行具体的计划和施工等问题，文献资料缺乏记载，但从史实看，隋唐大运河是一次设计、一次施工、一次通航的，从工程进展的顺利和完工的速度来看，是与当时高超的工程技术知识和优秀的技术人才及丰富的经验密不可分的；而这些经验的积累和使用，都是与地方性运河的开凿密切关联的。隋朝时大运河的修建，首先是以东周春秋时期吴王夫差修建的邗沟为基础的，邗沟在经历秦、汉、魏、晋和南北朝的发展，又连通了许多河道。到了隋朝时，隋炀帝杨广下令开凿一条贯通南北的大运河，主要包括四大工程：第一是广通渠；第二是通济渠；第三是永济渠；第四是江南河。下面我们就重点介绍一下隋朝修筑大运河的几项重要工程。

第一，开凿广通渠，与黄河连接起来。隋朝初年，以长安为其都城，有两条水道可以通往黄河，一条是自然河道——渭水，另一条便是汉朝修建的人工河道——漕渠。因渭水流浅，泥沙深，河道又弯弯曲曲，导致航行不方便；而曹渠也因水流不畅，湮废不能使用。在这种情况之下，隋文帝又下令重修漕渠，改名为富民渠工程交由大将郭衍负责。富民渠在郭衍等人的共同努力下很快修建而成，然而这条水路还是无法满足东粮西运的需求。三年之后，富民渠的改建工程再次启动。这次改建，要求把渠道凿得至少能够通航体形庞大的"方舟巨舫"。这次改建工作交由当时著名的水利专家宇文恺全权负责。改建工程在永工们的齐心协力下进展极为顺利，当年就竣工了。新渠

的主要水源仍旧是渭水，从大兴城（今西安市）到潼关，全程长达150多千米，重新命名为广通渠。广通渠修建完成之后，大大超过了原先的富民渠，完全能够满足关中用粮的需求。

第二，整治南通江淮的御河——通济渠与山阳渎。将都城迁往洛阳的隋炀帝，急需改善黄河与淮河以及长江之间的水上交通，方便南粮北运，同时加强对东南地区的控制。因而，公元605年，隋炀帝下令，同时开凿通济渠和扩建山阳渎。通济渠可以划分为东西两段。在东汉阳渠的基础上扩建而成西段，西起洛阳西面，以洛水以及其支流谷水作为水源，从洛阳城南穿过，流经偃师东南，再跟着洛水入黄河。东段西起荥阳西北黄河边上的板渚，把黄河水作为水源，途经今开封市及杞县、睢县、宁陵、商丘、夏邑、永城等县，再往东南，贯穿过今安徽宿县、灵璧、泗县，以及江苏的泗洪县，到达盱眙县注入淮水。两段全长将近1000千米。山阳渎北起淮水南岸的山阳（今江苏淮安市），一直向南，流经江都（今扬州市）西南与长江相接。这两项工程设计了统一的标准，不仅河渠要足够深，方便通行船体庞大的龙舟，而且还要在河渠两岸栽种柳树，修筑御道，与此同时，为了满足隋炀帝的私人欲望，还在沿途修建了40余座华丽异常的离宫。在施工过程当中，两条河渠将旧有的渠道与自然河道都加以充分利用，并规定了统一的宽度和深度，主要还要依靠人力开凿，因此，工程浩大且艰巨。即便如此，工程的进度依旧是惊人的，这两项艰巨的工程在短短五个月内就竣工了，不得不说，这是中外工程史上的一个奇迹。

第三，修建北通涿郡的永济渠。在完成通济渠与山阳渎的修建工程之后，隋炀帝决定在黄河以北再开凿一条运河，这就是永济渠。永济渠全长约1000千米，龙舟可以顺利地在其上畅通无阻。永济渠也可以划分为两段：南段从沁河口向北，途经今新乡、汲县、滑县、内黄（此段属河南省）、魏县、大名、馆陶、临西、清河（此段属河北）、武城、德州（此段属山东）、吴桥、东光、南皮、沧县、青县（此段属河北），抵达今天津市；北段从今天津市向

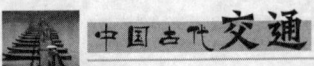

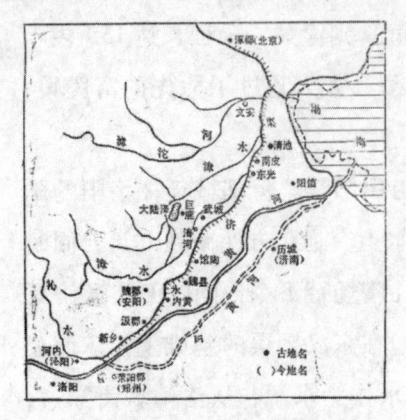

永济渠行经示意图

西北风向通行，途经天津的武清、河北的安次到达涿郡（今北京市境）。永济渠工程的进展同样极为快速，南北两段都是当年就完成了。

第四，疏浚江南河。江南河原先为春秋时吴国开凿，以今天的苏州市为中心，向南通向钱塘江。在秦汉、三国、两晋、南北朝时，这条河曾经进行过多次整治。隋炀帝时，大概是为了效仿当年夏禹于会稽大会诸侯、秦始皇登会稽山以望东海的盛典，他又下令对江南河做进一步疏浚。疏浚之后，江南河从京口到余杭，全长400多千米，宽十多丈，完全可以通行龙舟。隋炀帝东巡会稽的途中，为了满足私欲，下令在江南河两岸也建立多处奢华至极的驿宫。

广通渠、通济渠、山阳渎、永济渠以及江南河等渠道，在开凿时各自已经拥有独立的运输渠道。只不过，由于这些渠道都以长安、洛阳这些曾经的政治中心为枢纽，向东南与东北辐射，同时规格又几近相同，可以相互连接，因而实际上形成了一个完整的体系，共同构成了一条大运河，历史上将其称为南北大运河。这条起自长安、洛阳，向东南通到余杭、向东北通到涿郡的大运河，堪称世界上最长的运河。因为它贯穿了钱塘江、长江、淮河、黄河、海河五大水系，加强了国家的统一，促进了南北经济文化交流，具有非凡的历史意义。

现今京杭大运河城市风光图片

唐代并没有像隋朝那样大规模开凿大运河，主要是利用隋朝时遗留下来的运河加以疏浚整理和开凿不太长的新运河。但是，唐代漕运却是我国封建社会史上蓬勃发达的历史时期，开创了我国漕运史上光辉灿烂的一页，为唐王朝的繁荣昌盛作出了极大的贡献。

唐王朝对从江淮到长安的漕运干线进行了艰苦不懈的疏浚、修整以及开凿，主要工程包括四疏汴渠、五浚山阳渎、三治江南运河等，这极大地维护了长安与江淮之间的漕运事业，对唐中央政府的粮食和物资的供应意义重大。唐王朝除了致力于东南一系列运河的开凿、疏浚和整理之外，对走向东北的永济渠一线，也进行了一些整治工程，使永济渠的水量大大增加。但随着北方经济的衰退和安史之乱后河北三镇军阀的相继割据，永济渠的漕粮作用受到了极大的影响。

除了上述的南北大运河的开凿、疏浚和整理外，唐朝还对灞水道、褒斜道、嘉陵江故道水道、灵渠和河汾水道也都进行过疏凿和修浚的整治工程。如二凿丹灞水道、三治褒斜道、疏浚嘉陵江故水道、治理灵渠等，这些对漕运事业的兴旺发达都起了相当大的促进作用。

隋唐以后的河运

南北大运河在公元 610 年开凿完工后，南北交通更加方便，加强了京都与河北、江南等地区的水上运输。只是，隋朝在历史上存在的时间太短，南北大运河开通不久便覆灭了。所以大运河的作用主要表现在以后各个朝代。北宋时，统治阶级每年通过大运河由江南运到开封的粮食，通常都在五六百万石左右，多时还曾达到 800 万石，超过了唐朝的漕运量。至于金银、布帛、香药、茶叶和其他土特产品所运送的数量就难以估计了。京城因为水运而变得更加繁盛，北方边疆军事也因水运而更加顺畅。元朝的疆域最大，超过了历代王朝。它定都大都（今北京）后，需要从江南运送大批粮食，所以这一时期的内河航运，主要是漕运。元朝先后开凿了"会通—济州河"和通惠河，使京杭大运河全线通航。如此一来,漕粮船从杭州出发,经江南运河进入扬州运河,再北入黄河、泗水,通过"会通—济州河",再由卫河入通惠河,直达大都。

元朝在开凿运河方面,主要进行了以下几项重大工程:

一是开凿济州河与会通河。自元朝都城大都(今北京市)到东南产粮区,大多数地方都有水道可以通过,只有大都与通州之间、临清与济州之间没有开通便捷的水道。所以,在这两个区间进行人工开凿河道成为南北水道贯通的关键所在。在临清与济州之间的运河,共分为两期修建,首先开通济州河,其次开通会通河。济州河南起济州(今济宁市)南面的鲁桥镇,北至须城(在今东平县)的安山,长达75千米。人们利用这里有利的自然条件,取泗水与汶水的水源,修建闸坝,开凿渠道,用来修通漕运。会通河南起须城的安山,连接济州河,凿渠向北,途经聊城,到达临清连接卫河,全长125千米。它与济州河一样,在河上同样创建了许多闸坝。开凿完成这两段运河后,来自南方的粮船就能顺利运往通州了。

二是开凿坝河与通惠河。为了把由海运、河运集中至通州的粮食,全部转运到大都,元朝急需在大都和通州之间修建一条运输能力较大的运河,因而相继开凿了坝河与通惠河。首先开凿的坝河,西起大都光熙门(今北京东直门北面),向东至通州城北,接至温榆河。这条水道长约10千米,具有东低西高的地势,落差达20米上下,河道的比降相当大。为了保存粮船通航所需充足的河水便在河道上修建了7座闸坝,因而这条运河又称为坝河。后来因坝河水源供应不足,水道不通畅,元政府又下令开凿了通惠河。由著名的水利工程技术专家郭守敬负责通惠河的设计施工,他首先千方百计开辟了水源,并引水至积水潭蓄积起来,然后从积水潭向东开凿

元代运河图

通航河段，途经皇城东侧南流，东南到文明门（今北京崇文门北），东到通州，接至白河。忽必烈将这条新开凿的人工河道命名为通惠河。通惠河开通之后，积水潭便成了繁华的码头，船来舟往，热闹非凡。

元朝时期，开凿运河的几项重大工程全部完成以后，今天全长850多千米的京杭大运河便形成了。京杭大运河把隋朝的南北大运河许多河段综合利用起来，比南北大运河更为便捷。从北京至杭州水路比陆路可以缩短900多千米的航程。

明、清两朝，由于都在北京建都，所以此时的大运河依然发挥着它的重要作用，运往京城的大批粮食与货物主要还是依靠大运河。久而久之，在大运河沿岸也陆续出现了许多商业城市，明朝中后期的资本主义经济萌芽也和大运河的通行有密切关系。这个时候，除了大运河之外，作为东西水运主干的其他几个河流的航运，随着社会文化经济的发展，一样起着重要的作用。

中国古代的对内海运

在很久以前，我们的祖先就已经与海洋有了亲密的接触。最近几年以来，在我国台湾岛等地，陆续发现了许多原始社会新石器时代创造的彩陶文化与黑陶文化的器物，这说明至少在新石器时代晚期我国已经出现了航海活动。从我国最早的古籍《诗经》《书经》《左传》《山海经》与《论语》等文献中，已发现了我国先秦时代早期的劳动人民与海洋之间存在的亲密联系。

春秋战国时期，社会动荡不安，航海事业在激烈的战争中再次被重视起来。这一时期，山东和江浙沿海一带地区成了我国航海活动最活跃的地方。一些沿海地方发展成了美丽的海港。其中，吴国、越国以及齐国是当时主要的航海诸侯国。公元前7世纪中期，齐桓公拜管仲为相，大幅度改革内政。使靠近大海的齐国利用得天独厚的地理优势，大兴渔盐之利，积极进行海洋资源开发，使齐国的经济实力大大增强，并最终先后消灭了30多个诸侯小

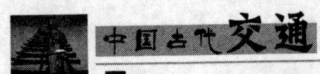

国。公元前651年，齐桓公召集众多诸侯在蔡丘（今河南兰考县境内）会盟，连周王也派遣代表参加，齐国成了诸侯国霸主，成为可以直接控制环绕山东半岛以及渤海航行的海上强国，甚至还控制远达东海与钱塘江口的航线。吴国因其优越的地理位置，具有悠久的海上运输史，海上运输历史悠久，被人们称作"不能一日而废舟楫之用"的国家。

知识链接

吴越争霸的故事

公元前496年，越王允常逝世，他的儿子勾践继承王位。吴王阖闾趁其根基未稳出兵攻打越国，结果反遭重创，阖闾本人也受了重伤，回师途中医治无效身亡。其子夫差继承王位后，发誓为父报仇雪恨。公元前494年，夫差拜伍子胥等为大将军，亲自率领水师从太湖出兵攻打越国。骄傲自满的勾践对大夫范蠡和文种的劝说充耳不闻，在实力远逊于吴国的情况下，和吴交战于夫椒（今太湖中的西洞庭山），结果大败，勾践只好向吴国称臣。自此以后，吴王夫差为了争夺霸主地位不断向北挺进。

战败后的越王勾践每天卧薪尝胆，越国子民受其国君的影响，开始了长达十几年的艰苦奋斗历程，越国又日益强盛了起来。公元前482年，勾践趁吴王夫差率精兵北上到黄池（今河南封丘西南）会盟之际，派遣水军2000人、步军40000人、精锐部队6000人、车兵1000人讨伐吴国，一举攻下薄弱的姑苏城（吴国国都，今江苏苏州），将太子支俘获并刺杀。同时加派一支军队经海路北上进入淮河，彻底把吴王夫差的退路堵死。被逼无奈的夫差不得不向越国求和。公元前473年，越最终灭吴，吴王夫差羞愤自杀。

第一章 中国古代的境内交通

公元前221年，统一全国的秦始皇嬴政，结束了战国时期长期分裂的局面并使航海事业获得了空前的发展。秦始皇极为重视航海，曾经先后五次巡视各地，其中就有四次在海上巡游。他的这种巡海活动，虽然有其政治、军事以及经济的目的，但终究促进了我国航海事业的发展。

在我国古代历史上，最为繁盛的王朝分别是汉代和唐代，在此期间，造船事业与航海活动也达到鼎盛时期。汉武帝时期，汉朝曾出动强大的水师一举征服了东瓯（今浙江东南部）、闽越（今福建部分地区）、南越（两广部分地区）等地方割据势力，使海面疆域得以巩固，为沿海航路的畅通创造了有利条件，并顺势开辟了北起辽宁丹东、南到广西白仑河口的南北沿海航线。汉唐时期，沿海航行已经较为成熟了。船工们掌握了前人的经验，可以根据山形水势来进行正确的引航。尤其到了唐朝，航海技术达到了一个极高的水平。他们不仅掌握了亚洲东南信风与季风的规律，同时也具备了一定的航海天文知识。唐代宗大历五年（770年）前后，浙江人窦叔蒙还写出了我国最早的一部潮汐专著《海涛志》。唐代航海业的繁荣从潮汐理论的研究中可窥一二。

宋元时代，海上交通极为繁盛，在我国历史上占有重要地位，造船业与航海业都很发达，造船技术与航海技术也都取得了重大突破。不过在沿海航

泉州湾古船陈列馆的宋代沉船

运上，宋朝并没有取得什么新的进展。元朝时期，沿海航运事业获得进一步发展。元朝以前尽管也有海运漕粮，不过次数有限。大规模的海运漕粮，正是从元朝兴起的。为了克服河运的困难以及弥补河运的不足，元朝统治者将目光投向海运这条新的漕运干线。元政府派朱清与张瑄等人监造了60艘海船，招募了一批漕丁漕夫，率先开辟了海道运输，年运输量最多时达到360万石。当时海运漕粮主要由南向北沿着海岸航行，航道上遍布浅滩与暗礁，船毁人亡的惨剧时有发生。海道府结合船户的建议，在长江口开设了航标船，船上竖立标旗，给粮船行驶指引方向。之后又在一些港口设置标旗，并且高筑土堆，在土堆上白天高高地悬挂布幡，夜间就悬灯点火，用来指挥粮船行驶。这些航标的设置，是我国航运史上的又一大创举，它在保障海运航行安全方面，功不可没。

明朝前期，国力昌盛，中国古代造船业和航海业在这一时间都达到了顶峰。坚固耐用并且性能优良的大型战船在戚继光抗倭以及之后郑成功收复台湾的战斗中，都彰显了巨大威力。民族英雄戚继光带领戚家军，其使用福船、广船以及沙船在抗倭斗争中大显神威，最终在公元1565年，将东南沿海一带的倭寇全部消灭，成功保卫了我国的海洋领地。另外一位民族英雄郑成功，则把金门与厦门作为根据地，大练水师，在公元1661年亲自率领战船350艘，将士2.5万人，横渡海峡，和侵占台湾的荷兰殖民主义者大战于海上，最终于1662年将荷兰总督揆一及守军驱逐出台湾，收回被侵占

郑成功

了38年之久的台湾主权。然而，清政府为阻挠郑成功的抗清运动，切断了大陆人民和台湾方面的接触，并在顺治十二年（1655年）颁布了海禁令，彻底中断了民间的海外通商活动。自此以后，我国沿海的航运事业就一落千丈了。

第四节
中国古代的馆舍和驿站

馆舍是供人们在旅途中休息住宿的地方，邮驿是供人们递送信件使用的地方，它们都构成了交通设施中的重要组成部分，是随着古代交通的发展才发展起来的。

从文字记载来看，中国最早的馆舍和驿战在西周时期就已经出现了。如孔子曾说："德之流行，速于置邮而传命。"周天子的德政是靠着邮驿在各地迅速传播的。馆、驿之所以在周代出现并形成初步制度，是由当时的政治、经济、军事等方面发展的程度决定的。周朝在先秦时期是最强盛的，疆域东至海滨，西达今陕西，北至山西、河北，南达淮河流域及长江以北。在如此广袤的土地上，又加上古代缺乏相应的先进通信技术，周天子要颁发诏令，让全国上下都能快速实行，馆驿设施便起到了非常重要的作用。同时，周天子之下，大小诸侯国林立，要想有效地控制诸侯王的势力，就要加强中央与各地的联系，及时掌握来自各地的消息。随着政治和军事上的需要，馆、驿的产生就成为必然。周天子统治了中原之后，"普天之下，莫非王土""礼乐

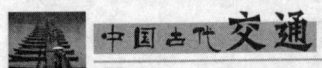

征伐，自天子出"，周朝政治权力的高度集中，国家的安定统一以及机构的完善促进了馆、驿的产生并得到进一步发展。

古代邮驿的发展

驿站是古代接待传递公文的差役和来访官员途中休息、换马的场所，其功能在以后有了很大的扩展。中国古代邮驿制度，是我国丰富多彩的历史文化宝库的重要组成部分。在某种历史条件下，促进了它的产生，与之相反，它的产生也对历史文明的发展起到了推动作用。

我国是世界上较早建立传递信息组织的国家，邮驿历史长达三千多年。原始社会出现了以物示意的通信，夏、商、周、春秋战国时期的奴隶社会发展为日趋完备的早期的声光通信和邮传。

尽管秦王朝的统治时间很短，但是，后代的大多数统治者都沿袭了秦朝制度，历代邮驿的发展也在秦代邮传的基础上更加繁盛起来。

从公元前206年到公元220年，是两汉时期。在这400多年中，汉代邮驿继往开来，上承秦制，不断发展完善，较为完善的通信网最终建成。它可以与同时代的古罗马邮政通信相媲美，中国与古罗马的联系沟通，也正是在这个阶段。汉代邮驿制度的确立，也为后代的通信奠定了基础。

古代驿站

私营客舍在魏晋南北朝时期日益发展起来，当时人们把这种私营客栈称为"逆旅"，这是自春秋战国以来沿袭下来的名称。魏晋南北朝时期，国家的邮亭馆舍，都被豪门贵族破坏殆尽，普通商旅因缺乏银两，只好在野间露宿。在这种情况下，私营客舍应运而生。无论南方北方，一些官僚都有自营客店存在。如北魏大臣崔光的弟弟崔敬友，就曾"置逆旅于肃然山南大路之北，设食以供行者"。南朝梁武帝的弟弟萧宏，只在建康城中就开设了数十处宿舍和贮货兼营的处所。当时南北方的官吏，都建议统治者应该对这些逆旅征收更重的税收。这说明当时私营逆旅，已经成为一股不可忽视的经济力量。

隋唐时期是我国封建社会的全盛时期，这一时期的邮驿也达到了空前繁盛。隋唐时期邮驿事业发达的标志之一就是驿的数量增加很快，交通线路遍布全国各地。唐朝先进的邮驿制度，对周围邻国也产生了深远的影响。

公元960年，赵匡胤和他的兄弟赵光义统一了中原和南方地区，创建起中央集权的国家。在此基础上，我国邮驿事业有了进一步发展。

元代邮驿是在元统治者统一全国的过程中，随着军事与政治斗争的进展和统辖地区的扩大而逐步建立起来的。

明朝时期的邮驿事务，最为突出的是"民信局"这一新兴事物的产生。1644年，李自成起义军推翻了明朝的统治。同年，清兵入关，建立清王朝。清代邮驿制度经历了重要改革，其最大的特点是"邮"和"驿"的合并。

古代驿道与驿站等构成的驿传系统，恰如通贯中国文明体系的经络。驿传系统的作用也体现在中华文明的勃勃生机以及焕发的无限活力上。中国古代驿传系统的较早形成，以及较早具备了相对完备的结构形式，较早表现出相对迅捷的工作效率，是中国文明创造的杰作之一。讨论中国古代驿传系统的形制、特征及其历史作用，能够更准确地理解中国古代许多相关的历史文化现象，从而更真切地认识中国古代文明的若干特质，更具体地说明中国古代文明演进的真实历程。

馆舍的产生与发展

周代时期的馆舍分为馆、寄寓以及施舍这三种形式。馆是接待国家使臣宾客的，寄寓和施舍供平民使用。春秋战国时期，馆舍称传舍，可分为三种形式，即传舍、幸舍、代舍。秦汉时，馆舍称为亭，亭是指国家一级的馆舍，至于私人建立的馆舍通常称客舍或逆旅。这种制度在隋唐到明清时期一直沿用。从整个封建社会看，馆舍制度最少存在两种形式，一是国家设立的，二是私人经营的，这属于两种基本的形式。

周代是馆驿制度形成的开端，这一制度已经受到大多数人的重视，特别是馆舍制度，已经达到了"宾至如归"的程度。后人在周人的积极倡导下，纷纷以先王为表率，大力发展馆驻事业。春秋战国时期，馆驿在周代的基础上有了新的发展，其中最重要的一点是私人馆舍的出现。如孟尝君给宾客设的馆舍不仅多，而且分作不同的级别。这种不断增多的私人馆舍开始公开经营，为后世私人馆舍事业开辟了一条门径。

秦汉时期是中国古代馆驿事业的重要发展时期，在统一安定的政治环境中，馆驿出现了新的气象。馆舍的建置比邮亭还多，"汉畿内千里，并京兆府治之，内外宫馆一百四十五所，三辅四十五所，郡国宫馆一百四十五所"。当时各处供旅人居住的亭，据《汉官典职》记载："洛阳二十四街，街一亭；十二城门，门一亭。"《汉官仪》云："长安城方六十里，经纬各十五里，十二城门，积九百七十三顷，百二十亭长。"由此可知，西京有120亭，东京有36亭。又据《汉书·百官公卿表》载，西汉时共有29365个亭。从以上看来，馆驿到了秦汉时期获得了很大的发展。

魏晋南北朝时期，私人馆舍的兴起远远超过前代。《晋书·潘岳传》中记载，当时私人经营馆舍逆旅成风，社会上出现了逐末废农的严重倾向，皇帝曾为此不得不下令废除私人馆舍。潘岳上奏："方今

龙门客栈

四海会同，九服纳贡，八方翼翼，公私满路。近畿辅辏，客舍亦稠。冬有温庐，夏有凉荫，白秉成行，器用取给。疲牛必投，乘凉迈进，发桶卸鞍，皆有所憩。"他不仅指出了当时沿途私营馆舍的稠密及其原因，而且认为私人馆舍繁兴有利无弊。在某些时期，国营馆舍竟无法与私人馆舍相抗衡，这种情况前所未有。

经过南北朝时期的恢复，唐宋时馆驿事业进入了繁荣阶段，在各个方面都取得了一定的发展成就。唐宋时期的馆舍制度，与南北朝以前相比发生了变化，就是馆舍与邮驿逐渐合二为一，改变了原来邮驿主要负责递送公文和馆舍主要招待宾客的特点。驿馆不仅负责递送公文，而且负责接待过往官吏，馆舍逐渐丧失了其存在价值。所以，这一时期国家在很多条道路上不再另建馆舍。但这一时期的馆舍制度依然存在，只不过存在的形式与以往有所不同。此时的馆舍分两种情况，一是国家政府用来接待使臣宾客的馆；二是私人在交通要冲经营的客舍。

国家一级的宾馆，招待的对象主要是外国使臣和宾客。隋代文帝时，由于和突厥及西域诸国友好往来甚密，在长安专门设置了接待蕃客的馆舍。隋炀帝时，在东都洛阳建国门外建立四方馆，以待四方使者。东方曰东夷使者，南方曰南蛮使者，西方曰西戎使者，北方曰北狄使者，各一人，主管方国及互市之事。四方馆，设录事主管全面事务，设叙职掌其贵贱，叙仪掌大小次序，监府掌管其贡献财货，监置掌管安置驼马车船，并负责警卫治安，互市监掌交换货物，参军主出入交易。馆内的制度是非常严格的，仁寿时，隋文帝路经蕃客馆，看见院庭中有马屎，毡不干净，主客令不将庭院打扫干净的，皆严加治罪。

唐宋时除都建有这一类的宾馆外，在一些道、州、县也建有专用来接待使臣宾客的馆。

元、明、清时期，馆舍的形式与唐宋时期变化不大，基本上还保持着国家的宾馆和私人旅舍并存的格局。

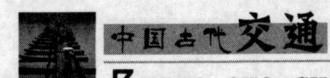

进入元、明、清以后，中国古代的馆驿制度进入了全盛期，特别到了元代，馆驿最为发达。这一时期，仅以各地设立的驿站就能反映出极盛的程度。据《元史·兵志》所载，当时，可考的驿站约有1380处。其中有陆站和水站，每站中都配置有大量的车船和马、牛、驴。《元史·兵志》载："于是四方往来之使，止则有馆舍，顿则又供帐，饥渴则又饮食。"中国在元朝时期的国土面积达到最大，能把馆驿发展到这种程度实属不易。

这一时期，私人旅舍有多种多样的数量和形式。建立在城镇和要冲的，大多屋宇宽敞，有的还是楼式建筑。在沿途道路和山川野岭间的都较为简陋，旅舍供客人住宿饮食，临行结账付钱，这是经营的主要方式。

明代公馆盛行，到清代，私人会馆大量出现，主要是南北商人为旅途方便建造的，特别是在北京等一些重要都市，这样的公馆更多。

第二章　中国古代的对外交通

我国古代对外交通主要是通过陆上丝绸之路与海上丝绸之路两条线路展开的。

陆上丝绸之路是沟通中西交通的陆上要道。汉武帝派张骞出使西域，开通了"陆上丝绸之路"，中国与中亚、西亚、南亚诸国进行了频繁的经济、文化交流，与欧洲有了直接往来。隋唐时期，先后设安西和北庭都护府，保证了"陆上丝绸之路"的畅通。唐朝的丝绸之路从长安出发，向西可通往今天的印度、伊朗、阿拉伯以至欧洲和非洲的许多国家。明清时期，由于实行闭关锁国政策，通过"陆上丝绸之路"与西方的交通日益萎缩。

海上丝绸之路也是从西汉开始的。汉武帝开辟了从广东沿海港口出发，最远抵达印度半岛南端的"海上丝绸之路"，加强了中国和东南亚、南亚各国的联系，从水路沟通了东西外交圈之间的联系。唐代的"海上丝绸之路"得到进一步发展，从广州出发，绕过印度半岛南端，最远可到达波斯湾。明朝郑和下西洋推动了"海上丝绸之路"的进一步发展，最远可到达红海沿岸和非洲东海岸。明末清初实行闭关锁国政策，"海上丝绸之路"受到限制。

第一节
中国古代陆上的对外交通路线

丝绸之路

丝绸之路是我国古代最著名的对外陆路交通线。广义的丝绸之路指的是从上古开始陆续形成的，遍及欧亚大陆甚至包含北非与东非在内的长途商业贸易以及文化交流线路的总称。在公元前2世纪到公元14世纪，作为横贯亚洲的陆路交通干线——丝绸之路，成为我国和印度、古希腊、罗马以及埃及等国进行经济与文化交流的重要通道。这条交通干线之所以称为"丝绸之路"，是由于这条通往西方的道路主要运输中国古代生产的丝绸。在我国的汉唐时代，全国各地的大批质量上乘的丝绸通过水路或陆路源源不断地运送到都城长安，其中，相当一部分的丝绸会通过陆路转运到西方各地。因为在这条陆路上，丝绸贸易是最为活跃的，因此人们形象地将它叫作"丝绸之路"。之后又开辟了经海

古丝绸之路

第二章 中国古代的对外交通

洋通往西方的航线——海上丝绸之路，为了便于区分，因而把这条陆路又称为陆上丝绸之路。

一般认为，陆上丝绸之路最初东起中国长安（今西安），沿渭水西行，穿过黄土高原，再通过河西走廊到达敦煌。从敦煌西行则分成南北两条道路：南路出阳关，沿着今天的塔里木盆地南沿、昆仑山北麓，途经古楼兰（今新疆若羌一带）、且末、民丰、于田、和田、墨玉、皮山、叶城、莎车，最后到达喀什。北路走出玉门关，顺着今天的塔里木盆地北沿、天山南麓，经过吐鲁番、库尔勒、库车、拜城、阿克苏、巴楚，最后也到达喀什。南、北两路在喀什汇合之后，继续向西走，登上帕米尔高原，之后经过阿富汗、伊朗以及中亚诸国，再通过地中海，最后到达丝绸之路的终点——古罗马的首都罗马城以及水城威尼斯。之后，再次开辟了一条北新道，自敦煌经过哈密，沿着天山以北的准噶尔盆地前进，渡过伊犁河西行至古罗马帝国。丝绸之路不仅是连接古代欧亚大陆之间经济交流的商贸大道，还是促进中国与欧洲各国东西文化相互交流的友谊大道。

事实上，早在远古时期，亚洲与欧洲之间就有了较小范围的交流与沟通。虽然远古时期人类面对着难以想象的天然艰险的挑战，但在尼罗河流域、两河流域、印度河流域和黄河流域之北的草原上，有着一条由许多不连贯的小规模贸易路线大体衔接而成的草原之路。关于这点，沿途许多的考古学家都已经有所证实。这条路就是最早的丝绸之路的雏形。当然，那时在这条路上主要交易的并不是丝绸，在公元前15世纪左右，塔克拉玛干沙漠的边缘地带就曾再现过中国商人的身影。购买产自现新疆地区的和田玉石，同时出售海贝等沿海特产，

张骞出使西域雕塑

与亚地区进行小规模贸易往来。而良种马及其他适宜长途运输的动物也开始不断被人们所征用，令大规模的贸易文化交流成为可能。除此之外，欧亚大陆腹地是广阔的草原和肥沃的土地，对于游牧民族和商队运输的牲畜而言可以随时随地安定下来，就近补给水、食物以及燃料。这样一来，一支商队、旅行队或军队可以在沿线各强国注意不到的情况下，进行持久而路途遥远的旅行。

对于这条长达3500多千米的丝绸之路而言，汉代时期的张骞和班超成了其开辟史上最大的推手。只要对中国历史稍有了解，你就一定听说过张骞出使西域的故事。当时的西域，是指现在甘肃玉门关以西包括新疆、中亚直到欧洲的广大地区。西汉武帝时，张骞先后两次受命出使西域。公元前138年，张骞第一次出使西域，他的主要任务是联络西域的大月氏国（在苏联中亚地区和阿富汗一带），共同抵御北方的匈奴，从而将中原通往西域的道路彻底打通。那次，张骞和部下100多人刚出了玉门关，就被匈奴人捉住，之后就一直被扣留在西域长达十年之久。最后，还是张骞凭着聪明才智，趁夜偷偷逃出匈奴的军营，然后历尽艰辛，辗转一年多，才又回到汉朝。回到汉朝后，张骞把在西域各国了解到的情况全都上报给了汉武帝，也为第二次出使西域打下了基础。公元前119年，张骞第二次出使西域。这一回张骞到乌孙（今新疆伊宁南），他与乌孙王结下了深厚的友谊。他还派同去的300名使者分别到了大宛、康居（皆在苏联中亚地区）、大月氏、大夏（在今阿富汗北部）、安息（今伊朗高原和两河流域）、身毒（今印度、巴基斯坦）和于阗（今新疆和田）。通过努力，张骞和他的部下在西域各国受到了热烈欢迎。当张骞回国时，乌孙王特送汉武帝良马数十匹。张骞的第二次出使，有效促进了西域和汉朝的频繁往来，丝绸道上每年都有大批使者来往，多则数百人，少则百余人，民间商队更是络绎不绝。就这样，世界几大文明发源地被连接起来，古罗马、古埃及、古阿拉伯、古印度等，都和古代中国有了密切的联系。不久，汉朝中央政府在今新疆地区设置了军政机构，任命了西域都护，这标志着新疆从此正式成为汉朝的疆土，并对其实行了有效的政治治理和经济开发。很快，新疆就成为我国与西方沟通往来的重要门户。

知识链接

班超小档案

班超，字仲升，汉族，汉扶风平陵（今陕西咸阳东北）人，是东汉著名的军事家和外交家。班超是著名史学家班彪的小儿子，其长兄班固、妹妹班昭也是著名的史学家。班超为人豁达，不拘小节，但内心孝敬恭谨，审察事理。曾出使西域的他，为平定西域，促进民族融合，做出了巨大贡献。

汉武帝开通西域、汉宣帝设西域都护以后，西域诸国一直与西汉王朝保持着良好的关系。然而，东汉末年王莽改制时，企图将西域各国的王号贬黜一事引起了西域诸国的强烈不满，同时也打破了好不容易建立起来的友好关系。与此同时，匈奴的势力又强大起来。西域诸国则互相攻伐，终被匈奴所控制。匈奴获得西域诸国的人力、物力，实力大增，屡次进犯东汉河西诸郡，边境百姓痛苦不堪，民不聊生。

为了解决这种混乱的局面，为东汉政府赢得有利局势，于永平十六年（公元73年）任命班超为行军司马出使西域。班超两次出使，凭借自己的聪明才智与勇气，先后使鄯善、于阗、疏勒三个王国恢复了与汉朝的友好关系。后来汉朝政府要把他调回时，许多人都舍不得放他走，甚至抱住马腿跪着挽留他。出于大局，班超说服了汉章帝，改派自己长期驻守西域。

他以非凡的政治和军事才能，在西域的三十一年中，正确地执行了汉王朝"断匈奴右臂"的政策，自始至终立足于争取多数，分化、瓦解和驱逐匈奴势力，因而，每战必胜，最终使西域五十多个国家全部归附了汉王朝。和帝永元七年（95年），班超获封为定远侯，封地在今陕西汉中镇巴县。

班超的父亲班彪是著名史学家，其兄长班固、妹妹班昭也是著名的史学家。两代三人都对编撰《汉书》做出了卓越的贡献。

班超在西域的威望再次促进了丝绸之路的进一步发展。后经过几个世纪的不断努力，丝绸之路向西伸展到了地中海。广义上丝绸之路的东段已经到达了朝鲜、日本，西段至法国、荷兰。

陆上丝绸之路是我国古代人民辛苦开辟的国际通道，具有十分深远的现实意义。它经过中亚、西亚，可与东南欧及北非的交通线相衔接，进而形成了世界上商贸最活跃的道路。从两汉到明朝时期，它始终发挥着极为重要的作用，成为连接古代东西方文明的主要纽带，成为亚洲和欧洲、非洲各国经济文化交流的友谊之路。

丝绸之路除了上述的路线之外，连接东西方的纽带还有一条鲜为人知的"西南丝绸之路"。早在上古时期，西南各族的人民出于交换产品、相互往返的需要，开辟了一条从成都地区出发，途经云南、缅甸、印度、巴基斯坦到达中亚的商道。这种古代商道的时间远远早

丝绸之路

于公元前 2 世纪张骞通西域开辟的陆上丝绸之路和东南的海上丝绸之路。而且是我国西南地区与西欧、非洲距离最短的陆路交通线。"西南丝绸之路"使用骡子作为运输工具，将已经在世界上享誉盛名的蜀地和云南丝绸运至印度，又转运至欧洲。古老的"西南丝绸之路"正好与今天的川滇、滇缅以及缅印公路的走向大体一致，并且有一些段落完全重合，它所经过的地区历史上曾分布有六个少数民族，因此，可以说这条古道在当时是一条各民族往来的走廊。

茶马古道

茶马古道坐落在横断山脉的高山峡谷中，位于滇、川、藏"大三角"地带的丛林草野之中，是绵延盘旋在此的一条神秘的古道。"茶马古道"是世界上地势最高的文明文化传播古道之一，目前，在丽江古城的拉市海附近、大理白族自治州剑川县的沙溪古镇、祥云县的云南驿、普洱市的那柯里还有保存较完好的茶马古道遗址。

唐宋时期的"茶马互市"是茶马古道的最早起源。当时，海拔都在三四千米以上的康藏地区居民主要以糌粑、奶类、酥油、牛羊肉为主食，这些食物可以提供高热量脂肪，但过多的脂肪在人体内不易分解，而茶叶不仅能够分解脂肪，而且能防止糌粑产生的燥热，因此，喝酥油茶就成了高原居民的生活习惯。但藏区不产茶，而产茶的内地却因骡马大多被民间役使或军队征用，因而没有足够的运力投入茶叶运营生意当中，所以，中原地区很难满足高原地区的茶叶供应量。而藏区和川、滇边地则生产良马，可以弥补茶叶产地马匹不足的状况，于是，具有互补性的茶和

云南茶马古道路线图

马的交易即"茶马互市"便应运而生。这样，藏区和川、滇边地出产的骡马、毛皮、药材等和川、滇及内地出产的茶叶、布匹、盐和日用器皿等等，在横断山区的高山深谷间南来北往、川流不息，就这样，担负着促进社会经济发展重任的"茶马古道"日趋繁荣。

茶马古道分川藏、滇藏两路，连接川滇藏，延伸到不丹、尼泊尔、印度境内（此为滇越茶马古道），直到西亚、西非红海海岸。具体说来，茶马古道主要分南、北两条道，即滇藏道和川藏道。滇藏道起自云南西部洱海一带产茶区，经丽江、中甸（今天的香格里拉县）、德钦、芒康、察雅至昌都，再由昌都通往卫藏地区。川藏道则以今四川雅安一带产茶区作为起点，首先进入康定，自康定起，川藏道又分成南、北两条支线：北线是从康定向北，经道孚、炉霍、甘孜、德格、江达，抵达昌都（即今川藏公路的北线），再由昌都通往卫藏地区；南线则是从康定向南，经雅江、理塘、巴塘、芒康、左贡到昌都（即今川藏公路的南线），再由昌都通向卫藏地区。茶马古道的主干线就是上面讲述的这两条线路，也是人们俗称的茶马古道。而实际上，除以上主干线外，茶马古道还有若干支线，如由雅安通向松潘乃至连通甘南的支线；由川藏道北部支线经原邓柯县（今四川德格县境）通向青海玉树、西宁乃至旁通洮州（临潭）的支线；由昌都向北经类乌齐、丁青通往藏北地区的支线，等等。正因如此，某些学者将历史上认定的"唐蕃古道"（即今青藏线）也并入茶马古道的范围内。也有的学者认为，尽管甘、青藏区同样是由茶马古道向藏区输茶的重要目的地，茶马古道与"唐蕃古道"的确有交叉的地方，但"唐蕃古道"毕竟是另一个特定概念，其内涵与"茶马古道"是有所区别的。而且，在中国历史上，甘、青藏地区只是茶叶输藏的终点之一，并没有位于茶马古道的主干线上。"茶马古道"与"唐蕃古道"这两个概念的

茶马古道

同时存在，足以表明两者在历史上的功能与作用是不一样的。

另外，据其他史料记载，茶马古道除上述线路外，还有一条称之为"陕甘茶马古道"的线路。"陕甘茶马古道"是由明朝的陕西商人和西北边疆的茶马互市逐渐形成的，骆驼是其主要的运输工具。之所以用骆驼，是因为明朝时有数百万斤茶叶要贩运（从四川到西北），到清朝时达到了数千吨，马无法胜任的前提下，只能使用骆驼。由于明清时政府对贩茶实行政府管制，贩茶分区域，因此陕甘茶马古道成为当时唯一可以在国内跨区贩茶的茶马古道。

在我国，早在南北朝时期就有了茶叶向海外传播的记载。当时中国商人在与蒙古毗邻的边境，通过以茶易物的方式，向土耳其输出茶叶。到了隋唐时期，随着边贸市场的发展壮大，中国茶叶以茶马交易的方式，经回纥及西域等地向西亚、北亚和阿拉伯等国输送，中途辗转西伯利亚，最终抵达俄国以及欧洲各国。随着茶马交易发展到唐代以后，历代统治者为了控制茶马交易而采取了各种各样的手段。唐肃宗时，在蒙古的回纥地区开创了茶马交易的先河。北宋时期，主要在陕甘地区进行茶马交易，易马的茶叶就地取于川蜀，并在成都、秦州（今甘肃天水）各置榷茶和买马司。元代时，官府废止了宋代实行的茶马治边政策。到了明代，又恢复了茶马政策，而且变本加厉，把这项政策作为统治西北地区各族人民的重要手段。到了清代，茶马治边政策有所松弛，私茶商人较多，致使在茶马交易中费茶多而获马少。到了雍正十三年，官营茶马交易制度被废止。

在茶马交易的漫长岁月里，中国商人在西北、西南边陲，用自己的双脚，踏出了一条崎岖绵延的茶马古道。古道上，辛勤的马帮、清幽的铃声、奔波的马蹄声打破了日复一日、年复一年的沉寂，岁岁年年的艰难跋涉终于开辟了一条通往域外的经贸之路。而行走在茶马古道上的经商者，在严酷自然环境的磨砺下，铸就了讲信誉、重义气的性格和非凡的勇气以及能力，他们是经商者，也是探险家，他们走出的不仅是一条生存之路，也是一条探险之路、人生之路。他们在与滇西北纳西族、白族、藏族等各兄弟民族进行经济往来

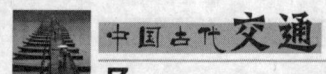

的同时，也增进了民族间的团结和友谊，使各族之间文化交流和发展获得进一步推进。在那古道沿线上，一些虔诚的艺术家在路边的岩石和玛尼堆绘制、雕刻了大量的佛陀、菩萨和高僧，还有神灵的动物、海螺、日月星辰等各种形象。那些或粗糙或精美的艺术造型为古道漫长的旅途增添了一种精神上的神圣和庄严，也为那遥远的地平线增添了许多神秘的色彩。总而言之，茶马古道不仅是历史上海拔最高、通行难度最大的高原文明古道，也是青藏高原上一条异常古老的文明孔道，是汉、藏民族关系和民族团结的象征和纽带。正像藏族英雄史诗《格萨尔》中所言："汉地的货物运到博（藏区），是我们这里不产这些东西吗？不是的，不过是要把藏汉两地人民的心连在一起罢了。"这是藏族民众对茶马古道和茶马贸易本质的最透彻、最直白的理解。

知识链接

格萨尔王传

　　藏族古代经典的神话传说《格萨尔》，大约形成于古代藏族氏族社会开始瓦解、奴隶制国家政权逐渐形成的历史时期，即公元前二三百年至公元6世纪之间；吐蕃王朝建立之后（7世纪初叶至9世纪）得到进一步发展；在土著王朝崩溃、藏族社会处于大动荡、大变革时期，也就是藏族社会由奴隶制向封建农奴制过渡的历史时期（10世纪至12世纪初叶）得到广泛流传并日臻成熟和完善。在11世纪前后，藏族地区开始有越来越多的人们信奉佛教，藏族僧侣开始介入编纂、收藏和传播，史诗的基本框架开始形成，并出现了最早的手抄本。手抄本的编纂者、收藏者以及传播者，主要是宁玛派（俗称红教）的僧侣。

第二章 中国古代的对外交通

史诗的大致内容为：在很久很久以前，天灾人祸遍及藏区，妖魔鬼怪横行，黎民百姓生活在水深火热之中。为了普度众生，观音菩萨于是向阿弥陀佛申请派遣天神之子到人界降妖除魔。神子推巴嘎瓦自愿前往藏区，做黑头发藏人的君王——即格萨尔王。在史诗中，格萨尔是一位神、龙、念（藏族原始宗教里的一种厉神）合一的半人半神的英雄。自他降生的那一刻起，就开始为民除害，造福百姓。12岁时，格萨尔在部落的赛马大会上取得胜利，并获得王位，同时娶森姜珠牡为妃。自此以后，格萨尔开始施展天威，东讨西伐，南征北战，降伏了入侵邻国的北方妖魔，战胜了霍尔国的白帐王、姜国的萨丹王、门域的辛赤王、大食的诺尔王、卡切松耳石的赤丹王、祝古的托桂王等，先后降伏了几十个"宗"（藏族古代的部落和小帮国家）。在降伏了人间妖魔之后，格萨尔功德圆满，与母亲郭姆、王妃森姜珠牡等一同返回天界。

云南昆明茶马古道雕塑

全部史诗分成三个主要部分：第一，降生，即格萨尔降生部分；第二，征战，即格萨尔降妖除魔，造福黎民百姓的过程；第三，结束，即格萨尔返回天界。三部分中，以第二部分"征战"内容最为丰富，篇幅最多。除著名的四大降魔史——《北方降魔》《霍岭大战》《保卫盐海》《门岭大战》外，还有18大宗、18中宗以及18小宗，每个重要故事和每场战争均构成

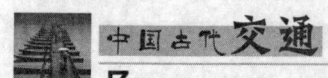

一部相对独立的史诗。这使它成为全世界迄今为止演唱篇幅最长的史诗。

《格萨尔》是藏族人民集体创作的一部宏伟的英雄史诗,历史悠久,结构宏伟,卷帙浩繁,内容丰富,气势磅礴,流传甚广。同时它也是世界上唯一仍活在人们心中的英雄史诗——至今仍有上百位民间艺人,在中国的西藏、四川、内蒙古、青海等地区传唱着英雄格萨尔王的丰功伟绩。

从这个意义上说,我们就不难理解,虽然古老的茶马古道早已看不到成群结队的马帮,清脆悠扬的驼铃声也跟着销声匿迹,茶草的香味早已随风飘散,但那拼搏奋斗的精神却如马蹄的印记,深深地烙印在华夏子孙的心田。凭着这股精神,中华儿女开创了一段又一段辉煌的传奇,也将铸就未来的荣耀与辉煌。

茶叶之路

在中国交通史上,可与"丝绸之路"相媲美的一条由中国南方到欧洲腹地的国际商路就是"茶叶之路"。茶叶之路尽管存在时间极短,只是在清代拥有约百年的辉煌繁盛,但在交通史上却有着重要的历史意义和作用。它促进了蒙古和内地的经济发展,繁荣了茶叶的国际市场,促进了中蒙、中俄的经济交流,同时将沙漠、草原地带建设成茶叶等物资的集镇,甚至对茶叶、毛皮等商品加工制造业的发展起到一定的推动作用。发挥了武夷山通中原古道的作用,促进了武夷山与中原的经济文化交流。

福建是茶叶之路的起始点。当时,在福建东北部有一个著名的茶叶小镇——下梅镇,这个小镇位于浙江、江西、安徽和福建交界,四省通衢,而

第二章 中国古代的对外交通

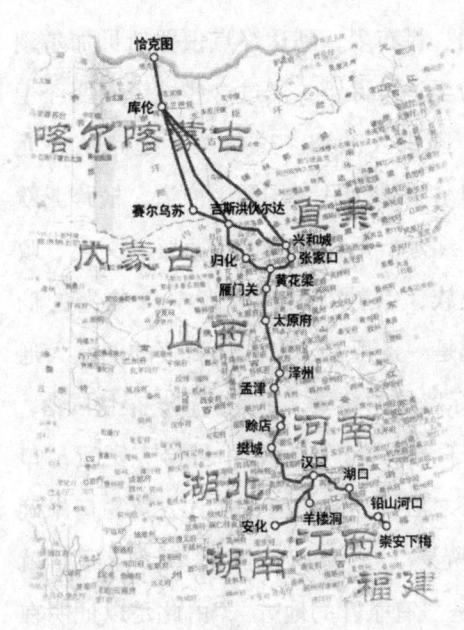

茶叶之路示意图

且以下梅镇为中心，周围还有许多盛产茶叶的地方。晋商、北京的商帮及河北的商帮们一般会在当地购买茶叶，然后在下梅镇进行加工、包装，再通过水路运往九江，在九江换大船进入长江，逆流而上，经过武汉到达现在的襄樊（那时称襄阳），并由此上岸。上了岸以后，用驼、马、驴、骡等代步工具把茶叶驮运到呼和浩特、张家口这两个北方的茶叶集散地。在清代，呼和浩特是整个蒙古高原西起塔尔寺、东到海拉尔、南到长城、北到贝加尔湖藏传佛教的宗教中心，因此，呼和浩特作为藏传佛教的中心，修建了众多寺庙，有巨大的感召力和凝聚力，而这种强大的宗教力量，成功推动了商业的进一步发展。南来的茶叶到了呼和浩特后会重新包装一次，然后载满茶叶的驼队会向北行进，穿越如今的内蒙古、外蒙中间的大戈壁，走56天或58天的时间，到达库仑（现在的乌兰巴托），从库仑往北走180公里，到达中俄边境的口岸城市——买卖城。时至今日，买卖城早已隐匿在历史的长河里，人们只能从与之相邻的位于俄罗斯境内的"恰克图"城寻找到一些当年繁盛的茶叶贸易的残影了。恰克图作为一个有历史文化积淀与政治地位的边境小城，记载了这条商路的促成和贸易活动，在恰克图民族文化博物馆里，保存着大量17、18、19世纪这条"茶叶之路"的商帮、商号以及我们中国"买卖城"的许多图片和实物，其中包括商人必备的服装、衡器、茶叶，还有居住的房屋的照片和实物。这条道路到恰克图只是茶叶之路的一半，就是当时中国境内的一部分。据统计，共1万华里，当时走下来，大概得3个月。完整的茶叶之路，从呼和浩特经乌兰巴托、恰克图、科布多，到达终点俄罗斯贝加尔湖一带乃至圣彼得堡，通过这些城镇向西经土耳其等国进入欧洲。这条茶叶之路从公元1688年正式成为一条国际大商道，横跨亚欧大陆，绵延万里，是一条集商贸、文化、政治、民族、宗教、民俗等多学科共生的商道，也是一条预示未来国际商贸的亚欧大通道，在中国历史的长河里，它是一颗国际贸易的新星，迅速闪耀，很快陨落。

见证了下梅茶市繁荣的溪流

根据史料的记载，茶叶之路应该始于清朝雍正年间，中俄恰克图贸易口岸是在1728年中俄《恰克图条约》签订之后设立的，但是在官方贸易口岸确立之前，恰克图一带的中俄、中蒙民间贸易（也可称为走私）事实上很早就开始了。恰克图是个蒙古语词汇，意思是"有茶叶的地方"，由此足以证明在恰克图口岸开设之前，"恰克图"那里已经是个有很大规模的茶叶交易的场所了。清代时期，中俄双方民众都因为开辟出的茶叶之路受益。数十万经商者从茶叶之路的经营中获得高额利润，尤其是山西的商人，一大批富人都曾走过茶叶之路。这也变相地确保了清朝统治的稳定。当年在山东和长江流域爆发太平军等各类饥民起义，但山西基本没有响应，就因为山西当时较为富裕，而这也确保了清王朝的江山没有遭受毁灭性的打击。

俄国政府显然比中国政府更重视中俄贸易，在第一次世界大战之前，沙皇在恰克图修建了一所很大规模的商业学院，准备专门培养对华贸易人才，但十月革命的爆发，让沙皇的构想化为泡影，当时修建的商业学院楼房至今仍存，人们还在把它当作学校使用，培养今天的工业人才。因为恰克图是重要的茶叶之路交易场所，因

陆上通海外的"茶叶之路"

而，俄国人在恰克图口岸开辟之后修建的商品交易市场是方形的，每个周边有200多米长，相当于今天一个中等体育场大，尽管历经280多年风雨，依然坚固完好。

明清以来，运销蒙俄的茶叶几乎由晋商垄断，在晋商最成功的八

乔家大院

大家族里乔家、常家、范家三个名门大户都是靠茶叶之路富裕起来的，而其中的榆次车辆常氏则称得上是这条万里茶路上的中流砥柱。山西人几乎垄断了对蒙、俄地区的大部分大宗贸易，另一部分是被以八旗王公贵族组成的"京帮"垄断。他们手中拥有雄厚的资本，在中原的东南沿海组织收购大批物资，屯集在张家口的大境门外。乌兰巴托、恰克图、莫斯科成了他们主要的销售场所。尤其是参加每年一度的恰克图年会（贸易交流会），获取的利润最高。他们以整批大宗货物的批发交换为主，兼营零星交易。除了山西帮与京帮外，在张家口从事贸易的还有本地的买卖人和"直隶"帮。他们资本少，人数却多，往往自备骆驼和老倌车。由于资本少，货物也不多，骆驼队或老倌车也无法形成大的规模。所以，每次出发必是成帮结伙，进入销售交易目的地后才会分开。他们以走浩特、串牧场的形式，直接与蒙古人、俄国人进行交易。他们一般都会蒙语、懂俄语。在长期的对蒙、俄地区进行贸易活动中，他们善于广泛与人结交。由于销售交易的市场不确定，自然环境更复杂，旅途风险相对较大。但有一点是肯定的，就单一商品的利润值而言，他们绝对高于巨商们在恰克图年会或乌兰巴托市场的批发利润。

恰克图茶叶市场

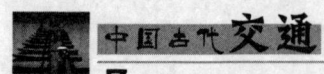

不管是巨商还是小买卖者，都能克服经商途中的艰难险阻和雨雪风霜的考验，凭借自身努力，极大地推动了中俄贸易的发展。而对于这条"茶叶之路"的开通以及中俄边境通商口岸的建立，中国的康熙大帝与俄国的彼得大帝却采取了截然不同的态度。康熙皇帝认为，与俄国通商严重折损了天朝大国的威严，因此，他对通商口岸的建设坚决反对，认为中国是世界上最大最富有的国家，其他国家只能称臣纳贡，无法容忍俄国与中国平起平坐。而彼得大帝为加强本国的经济实力，千方百计地争取在边城恰克图建立通商口岸，积极开通草原与西伯利亚之间的商路，使莫斯科与北京之间能够互相接近。两种不同态度导致的结果也完全不同，雄心勃勃的彼得大帝把俄罗斯从内陆国家变成了拥有海岸线的国家，同时把通向中国的茶叶之路打通了，为俄罗斯赢得了巨大的财富。而康熙皇帝骄傲自满的心态和闭关锁国的政策最后却导致八国联军入侵北京。

知识链接

常家贸易史

大约在距今500年前的明代弘治年间，车辋常家的始祖常仲林只身一人来到车辋村时，没有片瓦遮风雨，没有良田可果腹，只能依靠车辋大户刘姓人家，为人牧羊为生。后娶刘姓婢女为妻，并生子常廒，在车辋正式安家落户。

在四世之前，常家依然过着非常困顿的生活，但他们总算在车辋村建房置地扎了根，过上了男耕女织的生活。到了清初康熙年间，常家八世常威成为家族发展为清代儒商第一家的划时代人物。

第二章 中国古代的对外交通

常威生于康熙二十年左右，系常家七世常进全长子，大致在康熙四十年开始前往张家口行商。凭着坚韧的毅力、淳厚的品质、吃苦的精神，到雍正初年，常威已由"行商"发展成了开办小铺面的"坐商"，但买卖很小，由于在张家口开办的铺面没个正式名称，就被人称为"常布铺"。他的三个儿子万玘、万旺、万达皆跟着父亲到张家口，除万旺在张家口郊外购地务农外，万玘、万达相继成了父亲经商的得力助手。由于父子三人齐心协力，历经十几年的奋斗，最终使常家在张家口站稳了脚跟，获得了很大发展。常威是学业有成之后才开始经商的，常万玘、常万达也饱读诗书之后子承父业的，尤其是常万达，从小就随父亲在张家口读书，他勤奋好学，深受老师赞誉，但常威却在他即将参加科考之际，让其退出仕途从事商业，并把"学而优则贾"作为家训，告诫儿子要代代遵循。常威这一高瞻远瞩的举措，奠定了车辆常氏儒商世家的根基，在商业信誉、商业管理上都不同凡响。到了乾隆初年，常威父子已经在张家口创立了大德常、大德玉两个规模比较大的字号。常威在自己还乡养老之前，将两个字号分别交给长子常万玘、三子常万达经营，使常家逐步形成了以常万玘和儿子怀晦、怀珣，常万达和儿子怀玗、怀玠、怀珮为核心的两个商业集团。这两个集团，互为援引，携手发展成为张家口的重要商家，常万玘注重以张家口为大本营，稳扎稳打，向国内各大小城市延伸。常万达的目光更远大，他毅然采取了向俄蒙发展，搞国际

常家庄园

贸易的方略。俄国对茶叶的需求量是很大的，从明朝开始，就不断地向中国政府提出贸易要求，雍正五年，清政府与俄国签订了《中俄恰克图条约》，雍正八年，开始了中俄边境贸易城——恰克图土地修建，但由于种种原因，一开始双方贸易并不顺畅，

常家书院——石芸轩书院

因为十多年过去了，贸易额还只有10多万卢布。尽管如此，常万达却在艰难中看到广阔的前景。乾隆十年，他断然将大德玉改为茶庄，在保住内贸的同时，将主要财力、精力投到了对俄贸易中，开始了开拓万里茶路绵延二百余年的壮举。

　　为保证出品质量，讲究质量信誉，常家在晋商中首先采取了茶叶收购、加工、贩运"一条龙"方式。即自行在福建武夷山购买茶山，组织茶叶生产，并在福建省崇安县的下梅镇开设茶庄，精选、收购茶叶。同时，自行创立茶坊、茶库，将大量散茶精制加工成便于收藏的红茶、砖茶。每年茶期，雇用当地工匠达千人，然后陆地用车马运输至河口（今江西省铅山县），再用船帮，由水路运经信江、鄱阳湖、长江到汉口，沿汉水运至襄樊，转唐河，北上至河南社旗镇（今社旗县，当时，晋商称之为十里店）。而后驮运北上，经洛阳过黄河，越太行山，经晋城、长治，出祁县子洪口，再于鲁村换畜力大车北上，经太原、大同至张家口或归化，再换骆驼抵达库伦、恰克图。整个路程长达74余里。由于骆驼运输比马驮大车安全、快速、便宜，每驼可驼四百余斤，所以，常家很快就组建了自己的骆驼队，兴盛时多达万余峰，骆驼也由过去的从张家口到恰克图，延长到了从黄河

入晋，到俄国莫斯科等地，并因此引发沿途的特种行业"骆驼店"的诞生。这条茶叶运输的线路，就成了后人眼中与"丝绸之路"齐名的"茶叶之路"，由于这条路最显著的特征是以骆驼为运输工具，因而又叫作"驼路"。

因为常氏在对俄贸易中极具远见和谋略，又非常注重信义，很快就取得了俄商及俄国政府的重视，不久便将生意扩大到恰克图以北的俄国境内，在俄国境内的莫斯科、多木斯克、耶尔古特斯克、赤塔克拉斯诺亚尔斯克、新西伯利亚、巴尔讷乌、巴尔古今、比西、上乌金斯克、聂尔庆斯克乃至欧洲的其他国家陆续都有了他们的茶庄分号，使茶叶之道增长到一万三千多里。常家在这一决定性的历史过程中，为与当前形势发展的要求相适应，在原先"大德玉"的基础上，道光六年（1826年）新建大升玉，道光二十年（1841年）增设大泉玉，同治五年（1867年）增设大美玉，光绪五年（1880年）增设独慎玉，形成常氏一门五联号进军俄国的格局。同时，常氏还在各号增设账局，而且将账局也分别设在俄国的各个地区。

由于清末俄国重税窒息，华商遭受浩劫，常家"大德玉"连同联号"大美玉""大升玉""大泉玉""独慎玉"五家在莫斯科赔偿折银达140万两。但以当时常家的财力而论，在俄国亏损的资金，绝不会仅止于上述部分。为了挽回一点损失，常家曾联合晋商向俄政府起诉，俄政府根本不予理睬。他们又返回北京，请求清政府为其做主，无能的清政府只是一味推诿。常家投诉无门，有理难诉。

与此同时，清政府的官员蛮横无理、巧取豪夺，也使常家雪上加霜，蒙受了巨大损失。例如蒙古亲王僧格林沁的儿子小僧王，常年累月向常家借了超过百万两的银子。僧王是蒙古的土皇帝，常家不敢反抗。到了清末，僧王垮台，这笔债也就不了了之。及至辛亥革命时期，常氏的商业就基本破产了。

第二节
中国古代的海上对外交流及远洋探索

海上丝绸之路

众所周知，在古代航海技术上，中国一直处于世界领先地位，这也为我国通过海路与世界各国建立联系，进行贸易提供了有利条件。由于我国古代希望与其他国家进行更多的贸易与交流，因而，便开始了海上丝绸之路这一重要交通。海上丝绸之路起于秦汉，兴于隋唐，盛于宋元，明初达到鼎盛，明中叶因海禁而快速衰落。海上丝路的重要起点有番禺（后改称广州）、登州（今烟台）、扬州、明州、泉州、刘家港等。同一朝代的海上丝绸之路起点可能有两处乃至更多。广州与泉州成为中国古代规模最大的通商港口。其中广州一直是中国最大的商港，即便是在明清实行海禁时期，广州也是唯一的对外开放港口。

海上丝绸之路

第二章 中国古代的对外交通

纵观历代海上丝绸之路的路线，我们大致可将其划分为三大航线：①东洋航线由中国沿海港至朝鲜、日本。②南洋航线由中国沿海港至东南亚诸国。③西洋航线由中国沿海港至南亚、阿拉伯和东非沿海诸国。在唐、宋、元这三朝海上贸易繁盛时期，有上万的外商侨居在广州与泉州口岸，足见海上丝绸之路对我国商贸发展起到极大的促进作用。

海上丝绸之路的发展过程，大致可分为这样几个历史阶段。一是从周秦到唐代以前为形成时期；二是唐、宋为发展时期；三是元、明两代为极盛时期。据《汉书·地理志》记载，汉武帝曾派使臣、贸易官员和应募商民出海。他们从广东出发行船约五个月到达现今的苏门答腊，再行船四个月到达现在缅甸太公附近，又经两个多月到达现在的印度马德拉斯附近，再从马德拉斯往南到达现在的斯里兰卡，最后由斯里兰卡返航，约八个月到达现在的马来半岛，又行八个月返回中国。以上说的是我国古代航海船舶途经海南，横跨马六甲海峡，在印度洋上航行的历程，这在历史上有所记录。当时，作为海上交通中转站的斯里兰卡，中国在此处可以购得珍珠、璧琉璃、奇石异物等，中国的丝绸等也由这里转运到罗马等地。到了东汉桓帝时，大秦（罗马帝国）派遣使者航海来到中国，从而开辟了中国和大秦之间的海上通路，这是中国同欧洲国家直接友好往来的最早记录。这种友好往来，把当时世界上两大帝国——东方的汉帝国和西方的罗马帝国连接起来，构成了一条贯通欧、非、亚洲的海上航线，也形成了继著名的陆上丝绸之路后的海上丝绸之路的雏形。

汉末三国时期，是海上丝绸之路从陆地向海洋转换的承前启后与最终形成的重要时期。这一时期，孙权雄踞江东，以上古时期的禹帝为榜样，主张"国以民为本，民以食为天""不更通伐，妨损农桑"而竭力发展经济，开创造船业，训练水师，以水军立国，并派遣航海使者开拓疆土，与外通好，为海上丝绸之路的发展做出了重大贡献。

到了唐中期，海上丝绸之路的发展进入新的高峰期，文化贸易往来频繁。作为海上丝绸之路的起点，广州港口桅樯林立，旌旗飘扬，巨舶进进出出，从

广东海上丝绸之路博物馆建筑设计方案鸟瞰图

广州开出的远洋船只每天就有10余艘。据唐代地理学家贾耽所著的《广州通海夷道》一文记录，当时这条海上丝绸之路从中国广州开始，经过海南岛东南，沿南海的印度支那半岛东岸而行，过暹罗湾，顺马来半岛南下，到达苏门答腊岛东南部，航抵爪哇岛。再西出马六甲海峡，经尼科巴群岛，横渡孟加拉湾至狮子国（今斯里兰卡），再沿印度半岛西岸行，过阿拉伯海，经霍尔木兹海峡抵波斯湾头阿巴丹附近，再从幼发拉底出发到达巴士拉，又沿西北陆行到底格里斯河畔的阿拉伯帝国都城巴格达。如果继续前行，除了通过陆上交通抵达地中海外，还可由波斯湾再出霍尔木兹海峡，沿阿拉伯半岛南岸西航经阿曼、也门至红海海口的曼德海峡，南下至东非沿海各港口。贾耽所记这条航线从广州出发至巴士拉用90余天。从巴士拉向西航行至东非坦桑尼亚的达累斯萨拉姆用48天。唐人将航船泊岸之处盛产的象牙、犀角、珍珠、宝石、珊瑚、琉璃和乳香、龙涎香等各种香料，以及大量购买玳瑁等贵重物品运往中国，而中国的丝绸、瓷器、茶叶、铁器等物产也远销亚非各国，唐代的海外贸易盛况达到了空前的高度。

第二章 中国古代的对外交通

海上丝绸之路的起点——泉州

到了宋元时期，日益发展为主要经营瓷器出口贸易，因此，人们也把海上丝绸之路叫作"海上陶瓷之路"。同时，由于输入中国的商品主要是香料，因此海上丝绸之路也被称为"海上香料之路"。

中日两国之间一衣带水，通过朝鲜半岛或经由日本海环流水路，交往十分便利。因此海上丝绸之路的东洋航线成为中日海上贸易的主要通道。据日本古史记载，中国的罗织产品以及罗织技术已经在西汉哀帝年间（公元前6年）传到日本。公元3世纪，中国丝织提花技术和刻版印花技术传入日本。隋代，中国的镂空版印花技术传到了日本。隋唐时期，日本使节和僧侣来往频繁，关系亲密，他们在浙江台州获得青色绫，带回日本作样板，仿制彩色锦、绫、夹缬等，日本至今仍沿用中国唐代的名称，如：绞缬、腊缬、罗、绸、绫、羽等。唐代，江浙出产的丝绸直接从海上销往日本，丝织品已开始由礼物转为正式的商品。当时，日本的首都是奈良，而奈良算得上中国海上丝绸之路的终点，日本将贮藏官府文物的场所设在正仓院。今日的正仓院已成了日本保存中国唐代丝织品的宝库，其中的很多丝织品即使在中国本土也很难见到，诸如彩色印花锦缎、狮子唐草奏乐纹锦、莲花大纹锦、狩猎纹锦、鹿唐草纹锦、莲花纹锦等，还有不少中国工匠当时在日本制作的、兼具唐代风格与日本民族特色的丝织品。宋代也有很多的中国丝绸被大量销往日本。元代，政府在宁波、泉州、广州、上海、澉浦、温州、杭州设置市舶司，多口岸向日本出口龙缎、苏杭五色缎、花宣缎、杂色绢、丹山锦、水绫丝布等。明代则是日本大量进口中国丝绸的时期，这一时期，日本从中国输入的生丝、绢、缎、金锦等数不胜数。清廷从顺治时到雍正时的40年海禁使我国的海外贸易发展受到阻滞，清代海上丝绸之路与明末相比，已经发展衰微。

总而言之，海上丝绸之路时期沿线的国家和地区成为中国丝绸贸易的集

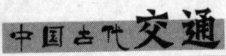

散地，也成为世界政治、经济、宗教、文化的中心。这条主要以丝绸传播到国外的航线，在传播丝绸的同时，对促进各国之间的物质文明和精神文明的相互传播和影响，起了重要的媒介作用。

郑和下西洋

在我国古代海运史上，郑和下西洋不仅代表着我国规模空前的远洋航行举创，而且代表了我国明代远洋航行史上的绝唱。1405—1433年，在这期间，郑和曾七次下西洋，途经30多个国家或地区，最远抵达现在非洲东岸的索马里与肯尼亚一带。他们历尽艰辛，在海上开辟了一条又一条的远程航线，为中、亚、非人民的友谊架起了一座座桥梁。

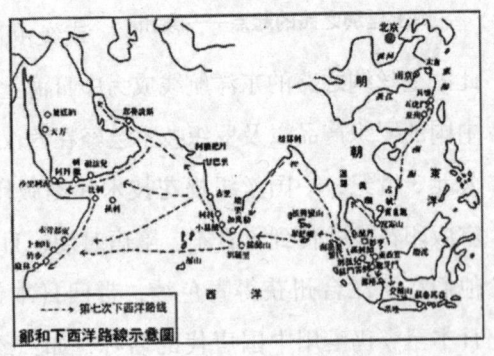

郑和下西洋路线示意图

知识链接

赛典赤·詹思丁小档案

赛典赤·赡思丁（Saiyid Ajall shamal－Dn，1211—1279年），是元朝初年著名的穆斯林政治家、改革家。

第二章　中国古代的对外交通

他是伊斯兰先知穆罕默德的第 31 世孙裔，1211 年出生在乌兹别克斯坦布哈拉市，1219 年作为成吉思汗的宿卫进入中国。后来先后在内蒙古、陕西、北京、四川等地担任军政首脑。1274 年，受忽必烈重托，出任云南行省首任平章政事（相当于现在的省长）。他在云南 6 年的主政期间，积极发展经济，兴修水利以及传播儒学教育，为中国西南边疆的统一做出了积极的贡献。他在 1279 年于主政期间去逝，越南、缅甸等国派遣使臣致祭。元世祖忽必烈感念赛典赤之功，下诏谕要求云南省自此以后必须对赛典赤颁布的规则要严格遵守，不能更改。大德元年，他又被追封为守仁佐运安远济美功臣、太师、开府仪同三司、上柱国、咸阳王，谥忠惠。云南人在昆明市中心设立了"忠爱坊"及咸阳王庙，以缅怀他的丰功伟绩，现已成为目前昆明市的标志性建筑。

他在云南后裔众多，赛典赤成为他们家族特有的称号，族人自称咸阳世家。赛典赤的儿子纳速丁、忽辛和马速忽等先后在云南担任重要职务。纳速丁之子伯颜在世祖晚年至成宗时任中书省平章政事十余年。伯颜生米的纳哈只；米的纳哈只生马哈只（原名米里金），也就是郑和的父亲。马哈只受元朝封滇阳侯。马姓是阿拉伯语"Mahmud"简化后的汉语音译。

明军攻入昆明后，11 岁的郑和（本名马和）被俘入宫，后选进燕王朱棣府中。

郑和生于元末明初，本姓马，回族。幼年的郑和深受其祖父及父亲航海朝圣的影响，自小立下志愿，要航海到麦加去朝圣。后遭家庭变故，11 岁时，郑和被迫进宫做了太监，因才思敏捷而受到明成祖朱棣的赏识，赐姓"郑"。

公元 1405 年，郑和组建了一只庞大的船队，船队有大中小船只共 200 多艘，其中巨大的宝船就有 62 艘，参加船队的人数更多达 2.7 万。在一个阳光明媚的日子里，郑和率领船队开始了首次远航旅行。在我国古代海洋分布上，以南海为界分为东洋和西洋。南海以东为东洋，南海以西则为西洋。西洋还包括印度洋及其沿岸国家。历经数日航行，郑和船队出国后访问的首个国家占城（今越南南部）国到了。听说中国派来了船队和使者，占城的国王很高兴，亲自前去迎接。占城国国王用非常隆重的迎接仪式欢迎远道而来的郑和船队。欢迎仪式后，郑和与占城国国王互赠了礼物，占城国的商人也纷纷前来交换货物。驰名世界的中国瓷器和丝绸受到占城国上上下下的欢迎。中国船队则收购占城商人送来的象牙、香料和药材。告别了友好的占城，他们又继续向南前进。一路上经过爪哇国、旧港国（这两国均在今印度尼西亚），穿过了马六甲海峡，先后到达锡兰（今斯里兰卡）、古里（在今印度西南沿海阿勒皮一带）等地。

历时长达近 30 年的时间，郑和先后 7 次远航，可以分为前 3 次和后 4 次两个历史时期。前期 3 次的航海，船队航程主要以古里为界，一直在东南亚和南亚一带活动，主要是为了同上述地区诸国建立和平友好关系，并为下一步向南亚以西远航建立中途候风转航的根据地。后期 4 次航海，船队每次均驶往忽鲁谟斯（今伊朗一带）以外的地方，开辟新的航线，与陌生的亚非国家建立友好关系，打开中国到亚非各国的海上之路。在后期的 4 次航海中，郑和的第五次出海航行到达的距离最远。

公元 1417 年，已有了 4 次下西洋经验的郑和，又一次顺利地抵达了马来亚半岛西岸的满剌加（马六甲）。之后，船队分头活动，一路穿过马六甲海峡，到忽鲁谟斯和阿丹（今亚丁）；另一路船队穿过马六甲海峡后，历经数日，一直驶到非洲东海岸的麻林

郑和下西洋

第二章 中国古代的对外交通

（今肯尼亚）。这是郑和船队最远的一次航行。这次出访，满刺加、古里、爪哇、占城、锡兰、麻林等十几个国家皆派遣使者随着郑和船队来到中国朝贡。待这些使者归国时，明成祖还命令郑和将他们一一送回去。此外，还将中国的锦绮、沙罗、彩绢等物赏赐给各国国王。应柯枝国王可亦里的邀请，成祖还赐其印诰并封其国的山脉为镇国山，亲制碑文赐之，表示友好关系。

第七次远洋航行时郑和下西洋历史的终结点，也是郑和生命的终结点。在第七次远洋航行时，明成祖及仁宗已经去世，郑和也60岁了，但他仍坚持率领2.7万多人的船队扬帆起航了。这次航行，郑和主要是对前六次远洋航行途中访问过的许多国家与地区再次拜访，并且与当地的政界领袖和友好人士进行特别会见，与他们进行经济与文化的交流。同时，他又增访了一些过去没有访问过的国家和地区。郑和一行在南洋和西洋都留下了足迹，又一次出色地完成了出访任务。在归途中，操劳过度的郑和身染重病，在到达中国之前就因病去逝了。随船官兵把郑和的遗体运送回国，朝廷为他举行了隆重的葬礼，他的遗体也特意在南京中华门外牛首山下安葬。

郑和故去了，但郑和及他的船队在惊涛骇浪中与海洋搏斗，为国家经济和外交作出的贡献却永存史册。郑和及他的船队勇于战胜困难和积极的开拓进取精神，让后人为此感叹万千。他们与亚非许多国家和地区进行的政治、经济、文化交流，为中外人民友好交流合作谱写了新篇章。他们绘制的《郑和航海图》、总结的航海经验和开拓的远洋航路都是留给后人丰富而珍贵的文化遗产。当然，人们不会遗忘郑和及他的船队所做的一切，这些从现在一些国家和地区还一直保存

郑和

着纪念郑和航海的文物和古迹中可以看出。

郑和七次下西洋的航海壮举,实为15—16世纪世界大规模航海时代的开端,具有划时代意义。郑和下西洋,访问了亚非三十多个国家和地区,不但是我国古代航海史上的空前壮举,就是在当时世界航海史上,也留下浓重的一笔。它加强了中国与亚非各国人民之间的政治、经济以及文化交流和友好来往,使世界各地都能领略到中国先进的文化知识,同时也丰富了中国人民的地理和航海知识。除此之外,以郑和下西洋为契机,更多的中国人来到南洋,为南洋的开发和建设作出了巨大的贡献。

中国古代其他海上对外交流航线

中国的海岸线十分广阔,我国古代劳动人民很早之前就在海上航行中留下足迹。在距今7000年前的新石器时代晚期,中华民族的祖先就以原始的舟筏浮具和原始的导航知识开始了海上航行,揭开了利用原始舟筏在海上航行的序幕,说明世界海洋文化的发祥地除了地中海国家,还包括古老的中国。夏、商、周时代,由于木板船与风帆的相继问世,人们已开始在近海沿岸航行到今日的朝鲜半岛、日本列岛和中南半岛。春秋战国时期,我国古代航海事业的形成时期,人们已累积了一些天文定向、地文定位、海洋气象等知识,初步形成了近海远航所需的技术和相关的知识,出现了较大规模的海上运输与海上战争。到秦汉时代,中国先民逐渐创造出大型的海船并掌握了海上行驶技术,出现了秦代徐福船队东渡日本和西汉海船远航印度洋的壮举。在三国、两晋、南北朝时

东晋高僧法显

第二章 中国古代的对外交通

期，东吴船队巡航台湾和南洋，法显从印度航海归国，中国船队远航到了波斯湾地区。

印度的佛教到了西汉末年传入我国，佛教经典开始汉译化。一些外国僧人来到中国，如西晋怀帝永嘉四年（310年）印度僧人佛图澄来到中国，中国也派遣僧侣前往印度求法，最有名的是东晋后期的法显。公元399年，法显从长安约得同伴九人西行，历经艰难坎坷，只为到达印度寻求真经。同行僧人有的丧身异域，有的不再返回，但法显"欲令戒律流通汉地"，弘扬佛法，最后只有他一个人从海路远航归国，此时的他已是70岁的老人了。回到中国后，法显除了将自己携带回来的大量佛经翻译成汉文外，又撰写了记述这次求经见闻的《佛国记》一书。它是我国详细记述古代中亚以及印度、斯里兰卡南海诸国政治、经济、宗教、历史、地理、风土人情等情况的第一部著作，也是我国有关1500年前中印远洋航行的纪实之作，史料价值极高，对促进中国同印度、尼泊尔等国的相互了解和文化交流，起了很大的推进作用。

唐朝建立后，经过"贞观之治"，中国社会经济繁荣，文化发达，在国力强盛和造船技术进步的基础上，中国与西亚、非洲沿岸国家间的海洋航运有了较大发展。唐朝时由中国航海前往阿拉伯乃至非洲沿岸国家，已由过去的分段航行实现了全程直航，不再需要经印度洋沿岸国家换乘阿拉伯商船中转，而能直接抵达。紧接着，唐朝都城长安发展成了国际性的繁华之地。海外各国的使者、留学生、留学僧、商人不断地到中国来，学习中国先进的文化、政治典章制度，进行贸易。这是唐代国家强盛、物产丰饶、科技发达以及文化领先的必然结果。中国人在海外被称为"唐人"。"唐人"也常常乘海船前往海外。在中国古代航海史上，许多条海上航线都是在唐代时期开

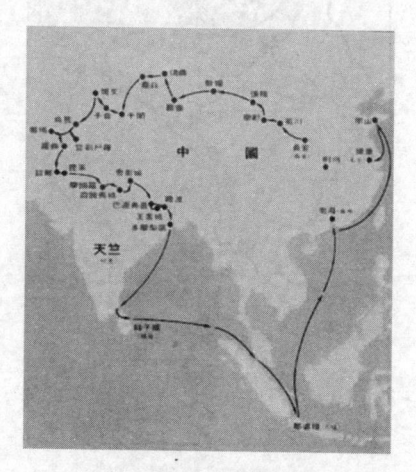

发现留学印度路线示意图

辟的，此外，唐代还加强了对海外的经济文化交流及友好往来。

宋朝时期，海外贸易空前繁盛，远非前朝所比。北宋中期，崛起于宁夏城的西夏国控制了河西走廊。宋与西方各国的往来通道只能走海路了。宋代和西方各国通商，据《岭外代答》《诸蕃志》（赵汝适著，成书于公元1225年）等书记载，就有50多个国家和地区。其中重要的除高丽与日本外，还有交趾、占城、真腊（柬埔寨）、蒲甘（缅甸）、勃泥（加里曼丹北部）、阇［shé蛇］婆（爪哇）、三佛齐（苏门答腊岛的东南部）、大食、层拔（黑人国之意，在非洲中部的东海岸）等，大大扩张了海上远航范围。

元代中国海洋航运业的一个突出特点是海上漕运占有相当重要的位置。元朝建都于大都（今北京），要解决京城地区及北方粮食紧缺问题，就必须从江南调运，其中海上漕运是主要途径之一。元代时期，在远洋航运方面，不管是航海规模，还是造船与航海技术，都不是唐宋时期所能比拟的。元代较大的远洋船舶能承载千余人，有十余道风帆。传入中国的阿拉伯天文航海技术，也对中国航海技术的发展起到推进作用。由于当时积极的航海贸易政策和以罗盘导航为标志的航海技术取得重大突破，中国领先西方进入"定量航海"时期。中国舟帆所及，几乎遍及西太平洋与北印度洋全部海岸，与亚非120多个国家和地区建立了航海贸易关系。元代远洋航运的发展，促进了国内外贸港口的繁荣，特别是泉州港，在元代经历了它历史上最辉煌的时期，不仅成为中国最重要的对外贸易港和东方第一大港，而且成为闻名世界的海外贸易港。元代民间航海家汪大渊曾于公元1330—1390年两次以泉州为起点，航海远游，行踪遍及南海、印度

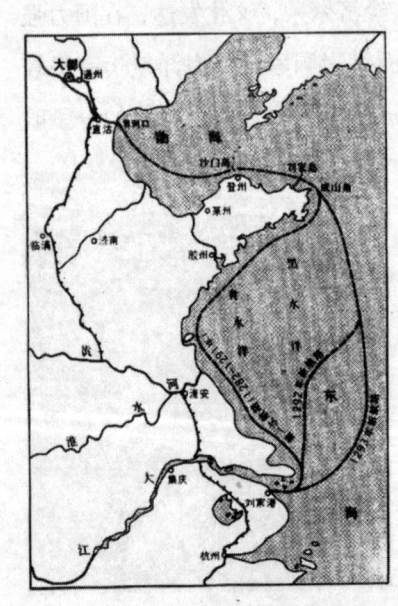

元代海运主航道示意图

洋，远达阿拉伯半岛及东非沿海地区。为此，他在公元1349年写成《岛夷志略》一书，其中记述国名、地名多达96处。

到明代永乐至宣德年间，伟大的中国航海家郑和率领远洋船队，先后七次下西洋，遍访亚非各国，其船队规模之大、船舶之巨、航路之广、航技之高，在当时无人能及。然而，随着中国晚期封建主义日益保守与僵化，明清王朝对外闭关锁国，对内实行海禁，严重阻碍了中国航海业的进一步发展和航海科学技术的不断进步，中国航海业进入由盛转衰的时期。

知识链接

指南针在航海上的应用

指南针在航海上的应用，是我国航海史上具有划时代意义的重大发明。指南针是我国四大发明之一。世界上最早记载指南针应用于航海导航的文献是北宋宣和年间（1119—1125年）朱彧所著《萍洲可谈》。作者追记随其父朱服于公元1094年至1102年任广州高级官吏的见闻。书中写道："舟师识地理，夜则观星，昼则观日，阴晦则观指南针。"所谓"识地理"，就是指当时的舟师已经掌握了航海途中确定海船位置的方式。除了采用观日航海、观星航海的导向方法外，在天气阴晦即能见度低的情况下还可利用指南针导航。

这是我国首创的仪器导航方法，也是航海技术的重大革命。指南针的应用与天文导航二者配合使用，更是对我国航海天文科学方面的发展起到了一定的推动作用。中国使用指南针导航不久，阿拉伯海船迅速采用，并

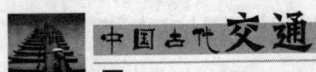

司南模型　　　　　罗盘

经阿拉伯人把这一伟大发明传到欧洲。恩格斯在《自然辩证法》中指出："磁针从阿拉伯人传至欧洲人手中在1180年左右。"所谓西方的罗盘，就是经过改进，再安上方位刻度盘的指南针。中国海船开始使用罗盘进行导航约在公元1225年。在这一年赵汝适写的《诸蕃志》中明确记载："舟舶往来，惟以指南针为则。昼夜守视唯谨，毫厘之差，生死系矣。"这里所说的已不是普通的指南针，而是罗盘了。指南针的西传，为公元1492年哥伦布发现"新大陆"，创造了先决条件。

第三章　中国古代的交通工具

交通工具是人类重要的生产生活用具。在近现代以热力机械为动力的交通工具发明以前，人类使用的交通工具经过了一个漫长的发展时期。这一时期人们使用的交通工具可以大致分为陆路交通工具和水路交通工具两类。

交通工具使交通活动得以进行。古代人民根据实际的需要，不断发明并改进已有的交通工具。车辆和船舶的种类越来越多，运行速度越来越快，负载的重量也越来越大。另外，人类很早就开始以家养的牛、马等牲畜驮运物品。车出现后，牛、马等家畜又被用于挽拉车辆。因为马的速度快，还可以被人骑乘。

中国幅员辽阔，各地自然条件不同，不同地区人民使用的交通工具也有很大的差别。沙漠之舟——骆驼是西北地方常见的运输工具。在河汊交错的江南，舟船则是主要的交通工具。在西南地区，一种古老而以人抬杠的竹制交通工具——滑竿仍广为使用。宋代以后，舒适的轿子则日趋普遍。

第一节
陆路交通工具的变迁

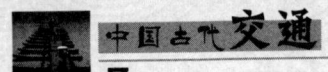

数千年来，车、马一直都是古代人类最主要的陆路交通工具，而其中又以车为主。同一时期，在达官贵人或富裕人家中，轿舆一类的工具也极为盛行。除此之外，还有一类"交通工具"常被人们忽略，就是自原始时代开始的，人们驯养或培育的其他大型食草动物驴、骡、牛、骆驼等。

直接把驯养的动物作为交通工具

1. 马

在人类文明史上，马的驯养具有重大的社会和经济意义，对通信、交通、粮食生产以及战争都起着直接的推动作用。

人类何时开始驯养马匹？以前比较流行的说法是，人类在青铜器时期才开始驯马，这是因为在考古发现中挖掘到许多马具的青铜器。不过最近有考古学家在哈萨克斯坦北部，公元前3500年的古波太文化遗址中发现了养马和骑马活动的迹象。这表明人类驯养马匹至少已经有5500年的历史。

中国境内的古代人类究竟何时开始驯养马匹，目前存在较大争议。

从考古发现来看，许多史前文化遗址都有马匹遗骨出土。但其分布很不均匀。

旧石器时代马骨化石的出土地点全部集中分布在北方和西南地区，而且主要集中在中国以东北、华北和西北为主的北方地区。在上述地区共发现28处，包括黑龙江1处、吉林3处、辽宁4处、内蒙古2处、山西7处、陕西3处、甘肃7处、新疆1处。在这28处遗址中，发掘出的马骨化石基本上都属于普氏野马种属。而且同一遗址当中发现的化石数量很多，其中特别是以距今约2.8万年的山西朔州峙峪遗址发现的马骨数量最多，按照第3白齿统计，最小个体数可达120个。而西南地区仅发现4处，包括贵州1处、四川1处、云南2处。在这4处遗址中，发掘出的马骨化石数量不多，看不出是什么种属，有一处遗址只不过发掘到为数不多的马的牙齿化石。

新石器时代遗址中发现有马骨化石的，也都集中在北方地区。其中：

黄河中下游地区：陕西西安半坡遗址出土了2匹马的牙齿和1节趾骨。陕西华县南沙村遗址发现2具完整的马骨架。河南汤阴白营遗址发现了很多块马的骨骼。山东历城城子崖遗址发现了数块马的趾骨。

黄河上游地区：甘肃武山傅家门遗址发现1颗马牙。甘肃永靖大何庄遗址发现3块马的下颌骨。甘肃永靖秦魏家齐家文化墓地发现马骨，但数量少，且易破碎。

根据考古发掘判断，这些皆是野马，并非为人们饲养的家马，它们只是人类捕猎的对象而已。

商代早期的遗址，如距今3600—3400年的河南偃师商城遗址和距今3435—3410年的河南郑州小双桥遗址都发现了许多动物骨骼，包括猪、牛、羊、鹿、狗、鱼和象牙，但并未发现马骨。考古学家据此推测出，早期的商代很可能还没有开始家马驯养。

到了商代晚期，情况开始有所转变。

河南安阳殷墟遗址发现了多座车马坑，一般都是1车2马。除此以外，于1934—1935年秋在殷墟遗址的西北冈发掘马坑20个（东区13个，西区7

个），每坑中马的数量少则 1 匹，多则 37 匹，而以 1 坑中 2 匹为多。1978 年春，在殷墟遗址 1550 号大墓东南用探铲确认了上百个方坑，成行成列地排在一起。发掘了其中的 40 个，坑长 2.80～3.00 米，宽 2.00～2.20 米，深 0.80～1.60 米。每坑埋马最少为 1 匹，最多为 8 匹，有 12 个坑为 1 坑 2 马，有 11 个坑为 1 坑 6 马，还有 3 坑为每坑 1 人 2 马。据此推测，这些用作陪葬的马匹很可能与祭祀有关。除马坑外，还有牛坑和猪坑等，但除了马坑是成片地集中在一起外，牛坑和猪坑都是零星地分布在埋人的坑的中间。

  古文字的研究也为我们提供了证据，在甲骨卜辞中有"王畜马于兹牢"的记载，这条卜辞强调了马的重要性，证明了当时马的特殊性。

  除此之外，在相当于殷墟晚期的陕西西安老牛坡遗址和属于商末周初的山东滕州前掌大遗址中都发现了车马坑。由此可以证明，至少在距今约 3400 年开始，中原地区的古人已经开始驯养家马，并能够驾驭他们来牵引车辆。同时经过测量，可以肯定这些属于商代晚期的家马并非产自中国本土的品种，而很可能是通过文化传播，从别的地区进入黄河中下游地区的。

  西周到春秋时期，使用马匹进行长途运输已在中原地区极为常见。在中国最早的诗歌总集——《诗经》中，就有许多关于马的诗句。但这一时期中原地区的马身材矮小，只有 120～130 厘米高度，毛色以栗、骝毛为主。它们不仅"其貌不扬"，而且速度和耐力都很差，因此，无论是负重运输还是驾车能力都不强。同时，受到周代礼制中冠服制度的影响，中原地区大多还没有组建骑兵，而是以车、步混合为基本作战方式。在春秋时期诸侯墓葬发现的车马陪葬就是证明。

  尽管如此，在春秋中晚期，随着生产力的发展，马的作用已十分凸显，生活在中原地区的中国先民还是对马匹的饲养技术非常重视并善于总结的。当时人们已将马分为六类，即种马（繁殖用）、戎马（军用）、齐马（仪仗用）、道马（驿用）、田马（狩猎用）、驽马（杂役用）。这说明马作为拉车和骑乘之畜开始为我国古人所普遍使用。养马、鉴别马因而成为一门重要学问，受到了社会的高度重视，并出现了历史上有记载的第一位相马高手——伯乐。

知识链接

伯乐与九方皋相马

伯乐本名孙阳，郜国人。他自小怀有高远的志向，热衷于相马技术。他感到在小小的郜国很难有所作为，于是便毅然远离故土前往更大的国家中去。历经诸国，最后西出潼关，到达秦国，成为春秋五霸之一——秦穆公之臣。当时秦国经济发展以畜牧业为主，多养马。尤其是为了对抗北方牧人剽悍的骑士，秦人已经组建了自己的骑兵，因此，秦人极为重视培育马匹和挑选良马一事。

国画《九方皋》，徐悲鸿作品

孙阳凭借其超绝的相马技术，在秦国富国强兵中立下了汗马功劳，并以其突出的成绩得到秦穆公信赖，被秦穆公封为"伯乐将军"，随后以监军少宰之职随军南征北战，在工作中尽职尽责，并以"伯乐"之名传颂天下。

在暮年之时，伯乐告诉秦穆公："有一个名叫九方皋的人，他的相马技术很高，能力不在我之下，请大王召见他吧。"秦穆公便召见了九方皋，叫他到各地去寻找千里马。

九方皋到各处寻找了三个月后，回来报告说："我好不容易为大王您寻找到了一匹千里马。不过，那匹千里马眼下正在沙丘那个地方。"秦穆公问："那匹马是什么样的马呢？"九方皋回答："那是一匹黄色的母马。"秦穆公于是派人去取，手下回报说那居然是一匹黑色的公马。这时候秦穆公很不高兴，就把伯乐叫来，对他说："你推荐的人连马的毛色与公母都分

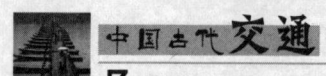

辨不出来，又怎么能识出千里马呢？"

伯乐亲自前去检查了那匹马，长叹一声说道："想不到他识别马的技术竟然高到这种地步了啊！这就是要高出我千倍万倍乃至无法计算的长处了。像九方皋看到的，是马具备的精神与技能，他看马时，眼里只看到了马的特征而忽视马的皮毛，注重它的本质，去掉它的现象；他只看那应该看到的东西，不去注意那不重要的东西；他审察研究时，只注意那应该审察研究的方面，抛弃了那没必要审查的方面。九方皋相马的价值，远远高于千里马的价值，这正是他超过我的地方啊！"等到把那匹马从沙丘那地方牵到秦穆公面前时，大家一看，果然是名不虚传的、天下少有的千里马。

秦穆公在伯乐、九方皋等人的帮助下，已有"畴骑五千"。这很可能是中国载入史册的最早的骑兵战队。

在中国古代史上，秦人除了相马技艺外，在驯养鸟兽方面也非常著名。传说秦人的祖先大费就曾为舜调驯鸟兽，被赐姓"嬴"。夏商时期，秦人先祖还曾因为擅长驾驭马匹而被提拔为天子的驭手。西周初期，秦先祖非子在此为周王室牧马，"马大蕃息"功绩卓著，后被封为食邑，在现今的陇县科乡塘儿原建城池。周平王东迁时，秦襄公曾赠大批良马相助，作为护送迁都的动力，由此立下大功，被封为诸侯。

到了战国时代，马的作用愈加重要。考古发现的战国诸侯王墓葬中的车马陪葬数量更加庞大。比如临淄一个齐国贵族墓葬，就埋葬了600多匹拉战车的马。这一时期和马有关的著名故事有"田忌赛马"和"千金买骨"。

第三章　中国古代的交通工具

知识链接

"田忌赛马"和"千金买骨"的故事

所谓"田忌赛马"，就是指齐国大将军田忌很喜欢与人比赛马匹的行驶速度。有一回他和齐威王比赛。他们把各自的马分成上、中、下三等。比赛的时候，上马对上马，中马对中马，下马对下马。因为齐威王每个等级的马都比田忌的马强得多，所以比赛了几次，田忌都失败了。孙膑作为田忌门下的食客闻知此事，为他献上良策。田忌按照孙膑的计策，再次鼓起勇气和齐威王赛马。第一场比赛田忌先以下等马对齐威王的上等马，结局自然是输。第二场比赛田忌拿上等马对齐威王的中等马，胜了一局。第三局比赛田忌拿中等马对齐威王的下等马，又战胜了一局。结果三局两胜，田忌赢了。还是同样的马匹，由于调换一下比赛的出场顺序，就得到转败为胜的结果。

"千金买骨"的故事，说的是燕昭王亟待招贤纳士，但是，在相当长一段时间内都收效甚微。郭隗就给燕昭王讲了下面这个故事：古代君王中曾有人用千斤黄金找寻千里马，找了三年也没能得到。有一名在宫中侍奉的涓人听后说："臣愿意去找。"那位君王就派他去了。三个月后找到一匹千里马，可是马已经死了，涓人就用五百斤黄金购买了它的尸骨，向君王复命。君王大怒说："寡人要找的是活马，要死马有什么用？"涓人回答说："死马尚且用五百斤黄金来买，何况活马？天下人听了一定会认为您诚心买马，很快就能购买到千里马了。"果然不到一年，就先后有人为君王献上了三匹千里马。郭隗讲完故事以后，接着说："现在大王您想要招贤纳士，却没有贤士前来。您不妨把我当作那匹死的千里马，给我高官厚禄。外面的

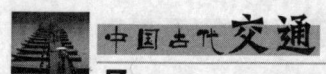

人听说连我这样才能不高的人都能在您这里得到重用，真正的贤士就会闻声来了。燕昭王便任命郭隗为重臣，并筑起"千金台"表示自己招揽贤士的决心。没有几年，天下贤士就云集燕国，燕国也因此强大起来。

这一时期还发生了一件重要的事件，从而改变了中原地区军事上应用马匹的历史。这就是有名的"赵武灵王胡服骑射"。

当时与赵国相邻的北方，大多为胡人部落，尽管他们与赵国之间没有发生什么生死战争，但小的骚扰和掠夺从未间断。由于胡人都是身穿短衣、长裤，在马上作战，动作十分灵活方便。开弓射箭，运用自如，往来奔跑，迅速敏捷。而赵国军队虽然武器比胡人精良，但多为步兵和兵车混合编制，加上官兵都身穿长袍，甲胄笨重，骑马很不方便。因此，在与胡人对战中经常处于劣势。虽然占据兵力上的优势，但胡人却和他们"一触即溃"，避免决战；赵军因为行动缓慢，无法大规模杀伤胡人，反而被频繁骚扰，疲于应付。

鉴于这种情况，赵武灵王就开始向胡人学习骑马射箭。要学习骑射，首先必须改革服装，采取胡人的短衣、长裤服式。

于是，武灵王于公元前302年开始改革，要求全国男子改穿胡服。他的想法首先遭到以他叔叔公子成为首的一些人的极力反对。武灵王为了说服公子成，亲自到公子成家做工作，

胡服骑射

第三章 中国古代的交通工具

他用大量的事例说明学习胡服的好处,终于使公子成同意胡服改革,并表示愿意带头穿上胡服。赵武灵王做通公子成的思想工作后,仍有一部分王公贵族和朝廷大臣表示不赞成。他们指责武灵王说:"衣服习俗,古之理法,变更古法,是一种罪过。"武灵王批驳他们说:"古今不同俗,有什么古法?帝王都不是承袭的,有什么礼可循?夏、商、周三代都是根据时代的不同而制定法规,根据现实情况而制定礼仪。礼制、法令都是因地制宜,衣服、器械只要使用方便,就不必死守古代那一套。"

武灵王力排众议,在大臣肥义等人的支持下,下令在全国改穿胡人的服装,由于在日常生活中,身穿胡服的民众做事时更加方便了,很快获得人民群众的拥护与支持。

武灵王在胡服措施成功之后,接着训练骑兵队伍,改变了原来的军事装备,赵国的国力也日益强大起来,不仅将过去常常侵扰赵国边境的中山国打得落花流水,而且还向北方开辟了上千里的疆域,成为当时的"七雄"之一。

这一时期,历史上记载魏国拥有"骑五千匹",燕国拥有"骑六千匹"。而秦国已是"车千乘,骑万匹"了。秦人凭借关西地区优越的地理条件,经过多年的不懈努力,从经营畜牧业逐渐转向农业,同时又有充裕的马匹资源,才得以在军事上不断发展壮大,进而入主关中平原,最后统一中国,最终一举成为中国历史上第一个强大的封建王朝——秦。

公元前260年的秦赵长平之战,"秦奇兵二万五千人绝赵军后,又一军五千骑绝赵壁间,赵军分而为二,粮道绝"。致使40万赵军无一生还。这次战役的胜利,很大一部分取决于骑兵。秦始皇陵兵马俑二号坑中

秦陵一号铜车马

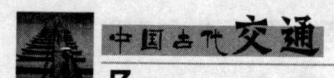

车、步、骑联合编制的军阵，充分说明了马（无论拉车的战马还是坐骑用的乘马）在古代战争中运动灵活、随机应变的特点，也体现出秦人御马技术的高度熟练程度。

在秦始皇陵兵马俑坑中，战车和战马的比例接近1∶1。实际作战中，战车和战马的比例根据现实要求会发生一定的变化，也会有1∶2或更多的可能。从发现的秦始皇兵马俑的阵容上来看，大秦的骑兵并没有作为一个独立作战的军种单独列出。它们是在配合战车兵和步兵作战。

秦马的品种自成体系，一向享有盛名，很可能最早是从河西走廊输入的。从秦始皇陵东侧马厩坑出土的28具马骨，以及秦俑坑出土的陶马形象看，秦马毫无疑问属于一种高大型马种属。马身长约2米，至甲高1.33米，头部较重但无粗相，鼻骨隆突，颈厚稍短，鬐甲低，脊背宽博，胸部较广，四肢发育建全，属于力速兼备的挽马型，也是乘骑的良马。这种马与今天我国西北地区的河曲马相似，很可能与西域马、大宛马、突厥马、中亚马、阿拉伯马的血统较为接近。

陇东高原拥有得天独厚的地理条件。这里平均海拔1100米，在这种海拔高度上牧养的马匹，肺活量大。这些生长在高原的马到了海拔395米的西安，到了海拔350米的渭河黄河汇水处古战场，其奔跑能力自然有所增加。这些都是秦马优于中原马的原因。

为了获得马的不同能力，秦人已经有选择地对公马进行阉割。秦始皇陵兵马俑确认有木制战车130余乘，陶马600余件，其中拉车的马500余匹、骑兵的鞍马116匹。1号坑里就有拉车的4匹陶马，这4匹专门用来车架的陶马都被制成阉割过的公马形态。在秦陵陪葬坑中还出土了2组铜车马，均由4匹马拉的车，全部是用青铜制作的。这些铜马也是制成被阉割过的公马形状。2号坑里发现的陶马有拉车的和骑乘的两种。其中拉车的马与1号坑陶马和铜车马相同，同样是阉割过的。骑乘用的鞍马则可以分为阉割和未被阉割两种。经过阉割的公马既保持了公马的耐力，同时又比较温顺，便于驾驭。而骑兵

第三章　中国古代的交通工具

配备两种类型的马，可能与需要担负不同的作战任务有关。

秦王朝建立以后，在全国建立起了一整套马政机构并颁布了与之相关的法律政策，中央九卿之一的太仆是主管马政的最高官吏，其下设丞二人为副手，京师咸阳附近设有若干

秦始皇陵铜车马出土情况

官马机构，如大厩、左厩、中厩、宫厩等。在西北游牧区设"六牧师令"，每牧师令拥有若干牧场。除此之外，还有各地郡县管理饲养军马的"苑"。除了官方养马之外，秦王朝还鼓励私人养马，如乌氏倮饲养的马匹数量之多可以用面积广阔的山谷来计算，秦始皇曾因此赏赐给他封邑。

秦陵东侧上焦村马厩坑，在马头前边放有陶罐、陶盆，有的盆内盛有谷子和切碎的草；陶俑面前放有陶灯、铁釜或铁镰、铁锸。由此表明饲养人员对马要日夜照料，并配置有切草、盛水饮马以及盛放饲料的工具。

秦从对马匹保护极为重视。秦简《法律答问》中讲道：诸侯国有来客，要用火熏其车的衡轭，以消除外来马匹身上的寄生虫，避免它们传到秦国内地。秦简《秦律杂抄》中明确规定了对伤害马的行为所做的惩罚。这些惩罚措施十分严厉。我们也可以据此推断出：秦国对驭手技术要求很高，既要日行千里，又不能打伤马，甚至驾过车的马匹不能及时卸套，也会受到一盾金额的处罚。每年还要对所乘之马进行优劣评比，进行考核。秦简《厩苑律》中还提到：马死了要及时汇报，如果没有及时处理而使马尸腐败，要按没有腐败时的价格赔偿；而且，马都有标记，都登记在册，对马的饲养、驯教、服劳役的情况等也都有考核。

刚刚创建西汉政权的汉高祖刘邦，提拔秦地出身、善于骑射的李必、骆甲二人为骑兵将领，命令他们训练骑兵。同时为了抵御匈奴的入侵，巩固疆土和

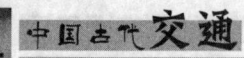

国家政权安全，发展壮大军事力量，汉王朝在秦国故地扩展牧区，饲养30多万匹良驹。朝廷还从西域引入宝马良驹。其中李广利一次就带回汗血马3000匹，作为种马改良品种，繁衍驯养，使牧场养马达到了一个空前的鼎盛时期。据史书记载，大将卫青、霍去病北征匈奴，曾从这一地区征集战马14万匹，由此可见当时这里牧马业的繁荣昌盛。

　　西汉时，为了获得更多的马，国家专门颁布法令，要求家家养马，不许10岁以下的马出关出界。有时为了要马，不惜发动战争，派大将去西域索取剽悍雄健的汗血马。东汉名将马援，深刻认识到"马者甲兵大本，国之大用"，认真总结了前人的相马经验，并铸成铜马一尊，使人一目了然，而且可以长久保存。马援铸的铜马模型被称作"名马式"，受到朝廷的高度重视。东汉时期马援懂得利用铜马模型来传播相马技术，表明他非常具备科学头脑。

知识链接

马援小档案

　　马援，字文渊，扶风茂陵人（今陕西兴平县东北），生于西汉成帝永始三年（公元前14年）。战国时期的赵国名将赵奢是其祖先，赵奢，号马服君，秦灭赵后，子孙为避祸而以马为姓。新莽末年，天下大乱，马援初为陇右军阀隗嚣的属下，很得隗嚣的信任。归顺光武帝后，为刘秀的统一战争立下了赫赫战功，因功勋卓著官至伏波将军。

　　光武帝建武十一年（公元35年）夏，马援担任陇西郡守一职。已经年迈的

第三章 中国古代的交通工具

马援仅仅用了短短两年时间，就将西部边陲政权迅速巩固。建武十三年（公元37年）至建武十八年（公元42年）春，马援又奉命率军南下，评定二征之乱。朝廷封马援为新息侯，食邑三千户。

同年九月，马援返回京城洛阳。刚过了一个多月，匈奴、乌桓进犯扶风，他自愿请求率兵出征，光武帝同意了。十二月，他带兵出屯襄国（河北邢台）。汉光武帝因感念他操劳国事，刚南征回来，又要远离京师，因而率领百官前去相送，用以表示对他恩宠有加。至第二年秋，他率领三千骑兵出高柳，先后巡行雁门、代郡、上谷等地。乌桓哨兵发现汉军到来，部众纷纷散去，汉军遂还。

建武二十四年（公元48年），南方武陵五溪蛮［武陵有五溪，即雄溪、㵲溪、西溪、㵲溪、辰溪，为少数民族（古代称"蛮夷"）聚居之地，所以称之为"五溪蛮"］暴动，时年62岁的马援再次请命南征。光武帝最初考虑他年事已高，并未应允他的请求。马援当面向皇帝请战，说："臣尚能被甲上马。"光武帝让他试试，马援披甲持兵，飞身上马，手扶马鞍，四方顾盼，一时须发飘飘，神采飞扬。光武帝见马援豪气万千，雄心壮志，很受感动，于是派马援率领四万人远征武陵。至建武二十五年（公元49年）春天，大败蛮兵，斩俘两千余人，蛮兵逃入竹林中。由于不幸感染了热疫，一代名将马援最终病死军中。

马援一生为国尽忠，殒命疆场，实现了马革裹尸、不死床箦的志愿。他忠勤国事，老当益壮，令人钦佩。

马援并不热衷于功名利禄，他担心的只是自己无功受禄，才德不能称位，因而，总是想方设法为国家作贡献。他关心国事，遇到该说的话，从不隐饰回避。他善于应对，尤其善于阐述前代故事。他还善言军事，凡是

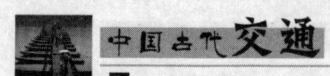

> 马援提的军事建议，光武帝大多采纳。马援跻身朝堂，不是依靠别人的推荐提拔，而是依靠自己忠君爱国的行为。后来居于高位，也不结党营私。于是，他生前受到权贵的挤兑，死后又遭到了政敌梁松等人的诬陷迫害。被追夺了新息侯印绶。后来马援家属经过多次申诉，才得到皇帝谅解，以丧归葬。
>
> 明帝即位后，永平初年，立马援之女为皇后。明帝在云台图画建武年间的名臣列将，为了避椒房之嫌，单单没画马援。建初三年（公元78年），章帝派五宫中郎将持节追封马援，谥忠成侯。马援有四子：马廖、马防、马光、马客卿，其中马防最为有名。

大约在两汉之际，北方游牧民族发明了马镫。马蹬发明以后，使战马更容易驾驭，使人与马合为一体，使骑在马背上的人解放了双手，骑兵们可以在飞驰的战马上且骑且射，也可以在马背上左右大幅度摆动，完成左劈右砍的军事高难度动作。因而，亚洲大草原上的先民对马镫的大量使用，大大提升了骑兵的战略地位，也从此推动了世界战争史的进程。魏晋南北朝时期，马镫传入中原，并迅速推广到江南。两晋时期，人们还开始把皮甲披挂在这些战马上，成为重骑兵。骑兵借助马镫的蹬力和马匹的行进速度，迅速转化为战斗力量，突破步兵部队，成为前锋部队的精锐力量。

唐朝在甘肃、陕西建立军马场，养育70多万匹战马。唐代再度从西域引进优良种马7000多匹，进一步改善了中国内地军马的质量。但随着辽、金、元等游牧民族政权的相继建立，汉族地区失去了马种的来源，导致种系质量逐渐退化。只有西北地区（仍属秦国故地）才保留了少数优良马种。直到清代以后，随着统一的多民族国家的建立，中国马种才又有所改良。

第三章　中国古代的交通工具

我国传统的地方马种包括蒙古马、哈萨克马、河曲马和西南马。

作为中国甚至是世界上最为古老的马种之一的蒙古马，主要产于内蒙古草原，是典型的草原马种。蒙古马体格娇小，平均体高120～135厘米，体重267～370千克。身躯粗壮，四肢坚实有力，体质粗糙结实，头大额宽，胸廓深长，腿短，关节、肌腱发达。被毛浓密，毛色复杂。它耐劳，不畏寒冷，在极为粗放的饲养管理中也有一定的适应性，生命十分顽强，能够在艰苦恶劣的条件下生存。8小时可走60公里左右路程。经过调驯的蒙古马，在战场上处变不惊、勇猛无比，历来是良好的军马。

蒙古马

产于新疆地区的哈萨克马，也是一种草原型马种。其形态特征是：头中等大，清秀，耳朵短。颈细长，稍扬起，鬐甲高，胸销窄，后肢常呈现刀状。现大多集中于伊犁哈萨克州一带，即是汉代西域的乌孙国。两千年前的西汉时代，汉武帝为寻找良马，曾派张骞三使西域，得到的马可能就是哈萨克马的前身。到唐代中叶，回纥向唐朝每年贩卖多达10万匹的马匹。其中很多属于哈萨克马。因此，中国西北的一些马种大多与哈萨克马有一些血缘关系。

河曲马也是中国一个古老而优良的地方马种，历史上常用它作贡礼。原产黄河上游青、甘、川三省交界的草原上，因地处黄河盘曲，所以命名为河曲马。它是中国地方品种中体格最大的优秀马。其平均体高132～139厘米，体重为350～450千克。河曲马头稍显长大，鼻梁隆起微呈现兔头型，颈宽

河曲马

111

厚，躯干平直，胸廓深广，体形粗壮，具备绝对的挽用马优势。驮运100～150千克，可日行50千米。河曲马性情温顺、气质稳静，持久力较强，疲劳恢复快，所以多作役用，单套大车可拉500千克重物，是良好的农用挽马。

西南马分布于四川、云南、贵州及广西一带。具有体形娇小，擅长行走山路的特点。西南马头较大，颈高昂，鬃、尾、鬣毛丰长。身体结构良好，肌腱发达，蹄质坚实。善于爬山越岭，可驮运货物100千克以上，日行30～40千米，是西南山区一支非常重要的运输力量。其中较著名的有四川建昌马、云南丽江马以及贵州马等。

进入近现代以后，通过有意识的人为繁育，我国又增添了诸如三河马、伊犁马等新兴的人工马种。自此以后，中国马有了更为丰富的种系。

2. 驴、骡

大多数人认为，野驴是家驴（至少是西方家驴）的野生祖先，在埃及和近东地区是在公元前3000—公元前2000年的青铜器时代被驯化为家驴的。

中国的家驴，乃是公元前数千年以前，由亚洲野驴驯化而来。具有多种类型的亚洲野驴，距今日，依然有少量野驴在亚洲内陆繁衍生息。但在我国内地，所有的史前文化遗址中，都没有发现野驴。而据研究中国在公元前4000年左右的殷商时期，新疆莎车一带已开始驯养驴，并繁殖其杂种。在秦以前，驴还只分布在新疆、内蒙古等地。自秦代开始逐渐由中国西北及印度进入内地，当作稀贵家畜。约在公元前200年汉代以后，就有大批驴、骡由西北进入陕西、甘肃及中原内地，逐渐在先民的农业生产中作为役畜使用。中国家驴中现

关中驴

有部分驴，仍保留着野生驴的某些毛色、外形特征以及特性。同时，也不排除古代由国外引入家驴的可能性。

中国驴约有 30 种以上的品种，其中优良品种如关中驴、德州驴、佳米驴、泌阳驴、广灵驴、河西驴等久负盛名。在我国，驴是农村，特别是山区、半山区、丘陵地区短途运输、驮货、耕田、磨米面的好助手。

由马和驴杂交产下的后代称为骡。由公驴和母马所生又叫作马骡，反过来则称为驴骡。骡作为役畜的出现，年代远不及马和驴。在 2400—2500 年前的春秋战国时代虽已有骡，但当时被视为珍贵动物，只供王公贵戚玩赏用。在汉代初年，骡的身价甚至可和珊瑚之类的珍品相媲美。汉代时期，内地骡的数量很少。《汉书》上有一段记载说大将军卫青围困了匈奴，匈奴乘黄昏时骑骡突围而去，汉兵称之为"奇畜"。至宋代骡尚不多见。明代以后才大量繁殖作为役畜。中国山东、陕西一带产的大型骡在国际上很有名。1914—1916 年第一次世界大战前期，我国曾向英国输出山东等地出产的大型骡供军用。

骡兼有马和驴的优点。马骡力大无比，是马和驴远远不能及的，而驴骡则善于奔跑，也是驴所无法比拟的。骡多存在于某些边远山区，特别是交通不发达的地区。

3. 牛

牛也是重要的畜力。家牛是从原牛驯化而来的。大概在新石器时代，人类就开始有意识地驯化牛。最初驯化的地点在中亚，以后扩展到其他地区。经驯化后的家牛体型比原牛和野牛都小（体高在 1.7 米以下），性情温驯，毛色多样，乳房变大，产乳量和其他经济性能都大大提高。

中国境内原牛的化石材料也在南北许多地方有所发现，如大同博物馆陈列的原牛头骨，经鉴定已有 7 万年。安徽省博物馆保存的长约 1 米多的骨心，是在淮北地区更新世晚期地层中发掘到的。除此之外，在东北的榆树县也发掘到原牛的

化石和万年前牛的野生种遗骨。

中国南方地区是中国水牛的起源地。这可能是由于更新世晚期亚洲北部遭受冰川侵袭,使原属热带性气候的黄河流域以北广大地区变得干寒,以致古代水牛等动物被迫向南方迁移的结果。中国牦牛是由野牦牛驯化而来。至今青海省的海北、海南高寒地区和藏北高原海拔4 000～5 000米高山峻岭之间,以及蒙古和苏联的西伯利亚东北部仍有野牦牛的身影出现。

黄牛

不管是普通的黄牛、水牛还是牦牛,都可以用来担负运输。在我国,早在4000多年前就有使用牛车的记载,用牛驾车的历史甚至远于用马驾车。牛车不如马车快捷,但也有自己的优势。尤其是马匹缺乏时,牛车起到不可替代的作用。汉初缺马,"将相或乘牛车"。(《史记·平准书》)但汉人更愿意把牛用于耕地。不过,到了汉武帝后期,王侯们又开始驾乘牛车了。那是因为频繁的战争导致国内鲜有马的出现,逼不得已只好驾牛车了。

到了魏晋南北朝就不同了,驾乘牛车竟成了富豪贵族以至皇家的一种时髦讲究。据说牛性稳重,而只要驾驭得法,其速度也相当可观,所以受到大多数人的欢迎。晋代皇帝出行,有五时车、五牛旗的要求。晋人如此重视牛,据说是由于"负重致远安而稳"。因此,皇帝的御辂车、御四望车、御衣车、御药车、御书车等,统统交给牛驾驶,在御道中央行走。另有画轮车,也是驾牛而行。又有云母车,也驾牛,专门用来赐予王公;有皂轮车,驾驷牛;还有油幢车、通幔车,都用牛驾车,用以赏赐功勋贵戚。由此可见晋代牛的"身价"之高。北方贵族与皇家乘牛较为普遍,牛在当时成为极重要的运输动力。

在长期实践的过程中,人们也练就了一身高超的驾牛技巧。《宋书·刘德愿传》中还记载有这样一个情节:刘德愿非常擅长驾牛车。他曾在道上立两根柱子，距离刚好能通过车辆，在百步之外，他振策长驱，将近数尺时，打牛飞奔，从柱间直过而不触及柱子。当时的人们都深深被他驾牛车的能力所折服。这些史实都说明，在古代交通运输事业中，牛也起到很大的作用。

4. 骆驼

骆驼有两种，一种是双峰驼，分布在亚洲中部的荒漠地带，现在我国的新疆和内蒙西部还栖息着野生种；另一种是单峰驼，分布在亚洲的西南部和非洲北部荒漠地区。

大多数专家认为，骆驼是公元前1400年左右开始驯化的。被驯养的单峰骆驼在北非被广泛使用，而直到后来，罗马帝国仍然使用骆驼队带着战士到沙漠边缘巡逻。到了4世纪时期，首度传入非洲地区的骆驼是体格更加强壮、有更强耐久力的双峰骆驼。它们传入非洲后，开始有越来越多的人使用它们，因为这种骆驼较适合作穿越大沙漠的长途旅行之用，且可以运输更多更重的货物。这时，跨撒哈拉贸易终于得以进行。在我国，双峰骆驼很可能是西部荒漠地区的劳动人民于公元前一千年左右驯化的。

骆驼的主要生产性能之一就在于其的役用性能。它可用作骑乘、驮运、拉车、犁地等。在我国，用骆驼作为车辆的动力，在西北地区比较多见。

骆驼是荒漠半荒漠地区，尤其是沙漠地区的主要骑乘工具。它虽不善于奔跑，但其腿长，步幅大而轻快，持久力强，加之其蹄部的特殊结构，因此，在古代，骆驼是沙漠地区运输的最佳交通工具。在短距离骑乘时，双峰骆驼的速

单峰驼

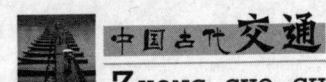

度可达 10~15 千米/小时，长距离骑乘时，每天可行程 30~35 千米。

在沙漠、戈壁、盐酸地、山地及积雪很深的草地上运送物资时，其他交通工具往往会出现这样或那样的问题，而骆驼则是这些地区最为重要的驮畜，发挥着其他家畜及交通工具难以替代的作用。通常情况下，双峰驼的驮重为体重的 33.8%~43.1%，即 100~200 千克，短途运输时，可驮重 250~300 千克，行程每天可达 30~35 千米。单峰驼一般比骑乘用驼体格粗重，速度约为 2~3 千米/小时，负重为 165~220 千克。

骆驼还可用于耕地、挽车、抽水等。

有轮车辆

时至今日，讲究速度与效率成了社会的主要代名词。我们出门办事、外出旅行不是坐火车、乘飞机就是坐汽车，如果是路途较近，也会骑自行车。

古代的车并不是人人都能坐得起的，大部分人出行还必须依赖双腿与双脚，而坐车的人往往是富有的人，他们坐的车也随时代的发展而更加先进。

1. 车轮发明以前的机械运输工具——橇

随着社会生产力的发展，一种重要的运输工具"橇"诞生了。最简单的滑橇就是一个斜面，复杂一些的还会在重物下垫几根滚杠。

2. 车轮的起源

轮子一般被视作人类最古老、最重要的发明。车轮在青铜时代以后才开始出现。有轮车辆的发明地点可能是在欧洲，发明的时间至少在距今 6000 年前，此后从那里传入近东地区。亚洲可能是轮子另一个独立起源地，但起源的时间无法确定。

第三章　中国古代的交通工具

车轮在发明出来以后，很快就应用于战车制造工程上。这种战车先是用来冲入敌阵，迫使敌人溃散；后来又当作战台使用，战车兵可以站在战车上朝敌人投掷标枪，杀死敌人。

车轮所起到的最大作用是使人可以搬动大大超过自身重量的物体。车的出现是人类陆上交通运输工具发展史上的一个重要里程碑。自此以后，人类进入了真正意义上的"运输时代"。

3. 中国车的出现

动力是车辆向前行进的基础。古代还谈不上什么机械动力，因此车辆的动力说到底主要是靠人力和畜力两大类。不同的历史时期，人力和畜力在使用的方式、规模、手段、效益等方面均有所区别。

古代交通工具——独轮车

中国先民最先使用的一种车辆类型就是人力车。用人力推挽的车辆的载重能力比人肩挑、背负大得多，而且它可以免除人体直接承受重压。但人的体力有限，所以，人力车多是轻便的两轮车或独轮车。

4. 畜力车的变迁

畜力车的出现，使古人从繁重的推挽车劳动中解放出来，成为车的驾驭者。畜力车比人力车载运能力大，而且速度快，行驶里程远，曾大大推进了人类社会向前发展。古人使用畜力作为车辆的动力，是以人类对野兽的长期驯化为前提条件的。

5. 马车

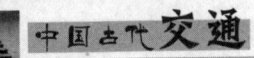

中国是最早使用车的国家之一。尤其是马车，曾在社会生活中有着举足轻重的地位。马车在日常劳动生产、战争以及政治活动中，都是重要的交通工具与不可或缺的装备。在一定历史时期，马车数量的多寡与质量的优劣还成为衡量某一时期的社会发达与落后、国势强盛与衰弱的重要标准。

由于马车具有快速、灵活的特点，因此在畜力车中占有重要地位。虽然汉朝以后，马车主要不是作为战车使用，但作为载客运货的运输工具，却一直得到普遍使用，并延续至今。迄今为止，马车在我国某些偏远的北方农村依然是很重要的运输工具。

相传中国人大约在4600年前黄帝时代已经创造了车。据说黄帝看到天上旋转的蓬草，于是就想到发明车以节省人力。传说中早期的车以圆形木板为行走部件，叫作"辁"。到了大约4000年前的夏朝，当时的薛部落以造车闻名于世。薛部落的奚仲还担任过"车正"官职。有传说称，夏朝的奚仲曾在车轮上安装辐条，从此车辆变得更稳，更耐用。

河南偃师发现的二里头文化遗址是典型的夏文化遗存，其上限正值夏代建国之初，距今4000多年。这里出土了大批青铜器，其中大量的刀、锥、凿、铲等生产生活用具，说明当时青铜冶炼已达到高水平。虽然在夏代文化遗址中还没有发现车的痕迹，但这些青铜工具正是制造车轮和车辆的必要前提。

按照中国古史，商的始祖契，是夏禹的同时代人，到其孙相土的时候，商人已能用四匹马驾车了。传承到相土的曾孙王亥，商人又学会了用牛来驾车。王亥本人曾赶着牛车，到有易

马车

第三章 中国古代的交通工具

氏的地界（今河北中部）去贸易。

商朝在武丁时期达到鼎盛，据说军队驾驭大批战车向南方拓展，一直插入楚国纵深地区。商纣王作为商朝的最后一位君主，也曾为了向江淮地区拓展疆土而多次出动大量战车。商代战车的使用已经十分普遍，车辆制造技术也有很大提高，能够制造十分精美的两轮车了。根据考古发掘品的复原，并参考甲骨文中的许多"车"字分析可以获知，商朝的两轮车已经有一辕、一衡、两轭［è］、一个长方形舆（车厢），有18~20根辐条，可以坐2~3人。大多数车由2匹马驾辕，已经是比较成熟的交通工具了。在河南安阳在殷代晚期（距今三千多年前）文物中，共计118辆殉葬用的马车曾被相继发掘出来，有一车四马二人的，有一车二马三人的，还有一车二马一人的。由于深埋地下，年代悠久，出土时，车的木质结构已全部腐朽。根据黄土中保留下来的朽木痕迹对它们进行剥剔和清理，经过复原，使距今三千多年的商车完整地再现在人们面前。

从已经发现的西周车的构造看来，较之商代虽然多少有些改进，但基本上承袭了商制，只不过在结构上有所改进，车马的配件更为完备，增加了新的零部件，许多关键部位使用了青铜构件。周代的畜力车，总体上分为"小车""大车"两大类。驾马、车厢小的为"小车"，也称之为轻车或戎车。驾牛、车厢大的就是"大车"。小车在战争中被大量使用，有时，贵族出行也会乘坐小车。西周时期的车，形制更加精巧，种类更为繁多。制造一辆车，要有木工、金工、漆工和皮革等多种工匠的合作，组合成了一种综合性手工业。西周时期的大小奴隶主贵族，为了表明自己的身份，通常用真车真马作为自己的陪葬品。早在夏商两代，车就已经成了战争的主要工具了，西周时期，战车的地位有了进一步的提升。春秋战国时代，由于车战的发达，战车的多少成为一个国家强弱的标志，有所谓"千乘之国""万乘之国"的说法。

小车的制作和使用都很讲究。我们把小车各部位的制作及驾驭、乘坐的注意事项介绍如下：

周代马车的承载部分即车厢，叫作舆。舆的前面要比后面低一点儿。舆的左右两边立的栏杆和木板，称作𫐓。横在舆前面的木板称作轼，多为手扶，在作战中，必要时为了远观前方敌情，还可以站到轼上眺望。如果在车辆行进时扶轼低头，代表对他人表示尊敬之意。这种礼节也叫轼。舆后面的横板或栏杆称为轸。轸上留有缺口，以便乘车人上下。中国古代先民通常都是从车后边这个缺口处上下车的。舆的中间还拴有一根绳子，供上下车时拉手使用。这根绳子叫绥。车舆上可以有盖子，用一根木棍支撑，与大伞的形状相似。但战车在对战过程中则要将车盖去掉。舆中可以铺蓆，车蓆叫茵，后来也泛指一般的席垫。妇人之车往往还要在舆的四周加上帷。后来车盖被取消，在帷上加了顶（类似现代的车篷），叫作幔或幰。

轮与轴构成了车的运转部分。车轮的边框叫辋。支撑辋的细木条叫作辐。车轮的辐条一般为30根上下。四周的辐条都向中心集中，这叫辐辏。有一种比较先进的装置方式是辐条向毂斜置的。轮的中心是一个有孔的圆木，叫毂。毂的外侧连接辐条，内侧的圆孔用来套在轴上。毂和轴中间的空隙叫作锏，一般需要用油膏涂抹，以便起到润滑作用。车轴套上车轮以后，轴的两端露出毂外，末端套有青铜或铁制的轴头，称作軎。轴头上有孔，用来纳"辖"，以防车轮脱落。辖一般用青铜或铁制成，呈扁平长方形，长约三四寸，俗称销子。一旦拔下来，车轮就会从轴上脱落，车也就无法行驶了。当时已注意对车轮薄弱环节的加强。为了增强轮子的承重能力，还要在车轮外侧加上两根夹毂的直木，叫作"辅"，或称"夹辅"。车轴上承车舆。固定车轴的方法是在舆的底部安上两块木头，用绳索把轴固定在上面。因其形状与趴伏着的兔子相似，因此称之为伏兔。

古车车轮

与车辆运行有关的，另外还有"轫"。

第三章 中国古代的交通工具

所以"轫"就是指阻止车轮转动的一块木头。行车时,首先应该拿开轫木,车轮才能转动,车子也才能行进。所以启程又叫发轫,以后则泛指事情的开端。两轮之间的距离称为"轨";轮子在路上压出的痕迹叫作"辙"。

驾车部分的构件主要有辕、轭等。辕又叫辀,为一根直木或稍弯曲的木杠。辕的后端连着车轴,前端拴着一根弯曲的横木称作衡或横。辕和衡相连靠的是销子,叫軏,小车的叫軏。横的下端还要加上轭,形状为向下方分叉的木枝。两条分叉称为軥,略弯曲,卡在马的脖子上方。除此之外,还要在车衡上绑一块横木,以便于赶车的人牵挽。这块横木叫作"輅"。

这一时期的技术专著《考工记》中"轮人""舆人""辀人"三篇约占全书篇幅的一半,记录了一系列造车的技术要求和检验手段。例如用规校准车轮是否圆正,再用平整圆盘检验车轮是否平正,还用悬线验证辐条是否笔直,然后又将车轮放在水中视其浮沉情况,确定其各部分都保持均衡。《考工记》中对车轴、车辕等各个部件均有深入的研究;对行山地的柏车和行平地的大车要求也各有不同。

根据有关文献记载,商代多是3匹马拉的车,周代时在此基础上增加了一匹,改为4匹马拉的车。考古发掘中,在河南浚县辛村周墓出土了12辆马车,72架马骨,说明这些车都是六匹马拉的。但仍然以四马驾车最为普遍,这样的四马一车合称为"一乘"。车驾二马的叫"骈";驾三马的称"骖";驾四马的名"驷",如今我们还经常说"一言既出,驷马难追"中"驷马"就是从这里来的。如果是兵车,"一乘"还同时包括车上的甲士3人和跟车作战的步卒72人。所以,"一乘"也代表作战中的一个基本单位,"乘"的多少也就成为衡量国家军事力量的重要标准。

一般来说,这四匹马并不是站在一条线上,外边的两匹要稍后一些,所以称为"雁

二马驾车图

行",即与天上飞翔时的大雁"人"字队形相似。而且这四匹马的分工是不一样的,因为分工不同,所以名字也有区别。其中驾辕的二马称作服马,两旁拉车的马叫骖马。如果是驾六匹马,最外侧的两匹马叫"騑"。用皮带直接系在车轴上的是骖马和騑马。而左边的骖马还有两种特殊的用途:一是用来祭祀道路;二是在送别时用来作礼物,赠给将要远行的人。驾六马为"六騑"。通常用马的性别和毛色来区分级别的高低,纯用雄马要比纯用雌马档次高得多。如果用的是毛色统一的雄马,几乎达到最高档次了。

驾车用的马具有鞙(xiǎn),即马腹带;靷(yǐn),即拴马引车的皮带,等于今天马车上的"长套";鞅,套在马颈上的皮带;鞧,是套在马臀部的皮带;靳,是当胸的皮带;勒,是整套的笼头;衔,是马口中所含的"嚼口";辔,就是指缰绳。

除此之外,古代车马还常常有许多装饰性的金属附件,如装在衡和轭上的响铃,叫作"銮"。在西周时期,最高级的马车上要装八个銮,走起来声音很好听。古车上的许多部件制作精美,如有的铜车軎,甚至用金银丝镶嵌成美丽的纹饰,华丽非常。

驾车,特别是驾驭马车,也是当时一门重要的学问。春秋时期,"御"这门学科就曾被孔子放进自己的教学体系中。车行进时,驾驶马车的车工把马缰绳汇总握在手中。这样才能用力均匀,两骖跑起来才能"如舞",极为协调。赶马的鞭子也分为两类,竹条制成的鞭子叫策,皮条制成的叫鞭。今天我们常说"鞭策"一词,就是由抽打马的意义引申而来的。在我国古代,人们十分重视驾驭术的提高,古书中也有不少关于驾车高手的记载。《左传》记述战争情况时,总要叙述双方主将的驭手。古代封建统治者甚至还因此悟出许多对人民的统治术。

上古时期,人是站着乘车的。但"妇人不立乘"。乘车人一般站立在舆的前半部分。一车三人,尊者在左,骖乘(即陪乘者)居右,御者居中。但兵车和君主的车则大不一样。国君或将帅之车,主帅居中,便于指挥,御者在左,护

第三章 中国古代的交通工具

卫居右；其他兵车，则是御者居中，左边甲士一人持弓，主进攻；右边甲士一人持矛，主防卫，称为"车右"。二人在作战过程中密切配合，共同御敌。如果车遇到险阻，车右还要下去推车，帮助排除障碍。因此，担当车右的人多为勇猛有力的武夫。

在车行进的过程中，如果路过一些重要的地方，就要行"超乘"的礼节，用以表示对当地主人的敬意。这种礼节的要求是，在车行进不停的情况下，车左和车右要在接近该处时跳下来步行，在经过此地后再跳上去。但如果是经过天子所在的王城，就要先停车，脱掉全部甲胄，放好武器，再下车步行。经过王城一段距离以后才能重新整装前进。因为"超乘"这个礼节同时又有炫耀勇力的含义。在天子面前如此，是非常有失礼节的行为。

博物馆战车俑

知识链接

王孙满观秦师的故事

周襄王二十四年，当时的霸主晋文公已经去世。秦穆公不顾重臣百里奚的劝阻，一意孤行，命令秦军趁着晋国国丧的机会，远道偷袭郑国，想要借此树立秦国的霸主地位。秦军经过周王城北门的时候，每辆兵车上的左右卫都只是摘下头盔，却不脱掉铠甲，也不放下武器。除此之外，他们也没有对着周天子所在的王宫方向行拜礼。有三百辆兵车的左右卫竟然在王城外面"超乘"，而且都是刚一下车走一两步，没等经过王城的城门，马上又一跃登车，继续前进。年龄尚小的王孙满看见了这情形，就对周王说："秦国军队一定会遇到大灾祸。"王问："为什么呢？"王孙满说："秦国军队举动轻狂而骄横，轻狂无礼就缺少谋略，骄横就不注意礼节。不注意礼节就会随随便便，缺少谋略会使自己陷入困境。进入险要之地还在随随便便，漫不经心，怎会不失败呢？秦国军队不遭到灾祸，那么，自古流传的道理便是空话了。"这次偷袭郑国的军事行动果然被郑国提前知道，因此秦军无功而返。在回国途中行至崤山，秦军又遭到晋国伏兵痛击，全军覆没，连一匹马都没能逃脱，一个完整的车轮都没有剩下。秦兵主帅白乙丙、西乞术、孟明视（百里奚之子）全被晋军俘虏。

　　在军队宿营时，兵车还要围成一圈，充当军营的围墙，用来防备敌人偷袭或野兽侵扰。与此同时，为了兵将出入方便，最好还要保留一个缺口。出口处两车的车辕相对斜指向上，形成门形。这也就是军营的大门被称为"辕门"的由来。

　　在其后的一千多年中，独辀马车虽然多有改进和发展，但从总体结构上讲，还是沿袭先秦时期的独辀马车行制。除此之外，在这一时期的战争中，还出现了高架战车如楼车和巢车，主要用于侦察和瞭望。

　　秦始皇统一中国后，实行了"车同轨"，即要求车辆的两轮间距保持一致。这一方面是为了适应全国道路的规范化，另一方面也是对车辆制造的技术和工艺提出了标准化的要求。秦始皇曾经就是乘坐马车进行了5次大规模巡游。但当时因为缺乏必要的历史文献，我们很长时间并不知道秦始皇乘坐的车辆是什么样的。直到1980年，秦始皇陵陪葬坑内出土了两辆大型彩绘铜车马。这两件铜车马均仿照真车马制造，其大小为真车真马的1/2。形制仍是

第三章 中国古代的交通工具

独辀车。一号车为立车,即立乘的前导车。长为2.25米,高为1.52米。单辕,双轭,驾四马,即两骖两服。车舆呈长方形,车上置一圆形铜伞,伞下立一御马官俑,双手执辔。舆内有铜方壶、弓、弩、镞、盾等。4匹铜马全部用金银络头装饰。鞍具上有编号文字29处,共49字,均为小篆。二号车称作安车,就是指乘坐的车辆类似轿子的形状。车身全长为3.28米,高1.04米,总重量1800公斤。车厢呈凸字形,分前后两室,前室为驾驶室,内有一跽坐的御马官俑,腰际佩剑,双手执辔,目光前视。后室为乘主坐席。车厢上有椭圆形车盖,车门是从后部打开,车也是单辕双轮,前驾四匹铜马。铜车马整体用青铜铸造,共有3400多个零部件,车马上竹、木、丝、革等质料的部位,也全部用金属逼真地仿制出来。车马通体施以彩绘变体龙凤纹、云气纹、菱形纹等图案,线条流畅,极富立体感,犹如镶嵌一般,将车装点得富丽堂皇、华贵典雅。这些珍贵文物,完全模仿实物制成,反映了秦代马车制造的精湛技艺,也填补了史料的空白。

车子发展到汉朝时期,又有了进一步的变化。其中最重要的是单辕车日益减少,双辕车大大增加。这种车除辕变为两根外,其他的部位与独辀车基本相同,双辕车使单马拉车成为可能,从此进入了单马轻车的时代,是我国古代车发展史上一个重要的里程碑。西汉时期,最流行的车辆为双辕车。西汉武帝以前,独辀车尚与双辕车并存,及至西汉中晚期,双辕车开始逐渐普及,东汉以后便基本上取代了独辀车。这一变化过程,从考古发现的西汉晚期与东汉时期的画像石、画像砖以及汉墓壁画上有大量双辕车形象这一点上,可得到证实。

汉代车有多种类型,只不过,此时的车辆多用于载人装货,很少用于

西汉双辕车

汉代缁车画像砖

战车了。双辕马车因乘坐者的地位高低和用途不同，可细分为若干种类。最高级的马车是皇帝乘坐的"辂车"和"金根车"。据《续汉书·舆服志》描写，金根车上有"鸾鸟立衡""羽盖华蚤"。"轩车"是高级官吏乘坐的车辆，"轩车"的两侧有障蔽功能。皇太子与诸侯王乘坐的车辆叫王青盖车。一般官吏乘"轺车"（古代一匹马驾驶的轻便小车）。贵族妇女乘坐"辎车"，即车厢和一间小屋子类似。除此之外，结合出土的汉车实物、模型以及形象图，与文献记载对照，还能够确认许多供某一特定目的而制作的专用车辆类型，如斧车、施轓（音番）车、轩车、軿车、栈车等。为了乘坐舒适，人们还制作了软轮车（用蒲草包裹轮边）。这一时期，铁制车辆附件相继出现，同时也出现了铁缘车轮。

尤其重要的是，汉代的机械制作水平有了很大提高，出现了指南车和记里鼓车。这两种车是我国古代的两项重大发明，是我国古代车辆机械方面取得的重要成就。

闻名遐迩的记里鼓车是东汉著名科学家张衡发明的。张衡的科技贡献是多方面的。他发明的记里鼓车中有一套减速齿轮系统，这套系统中的最后一轴正好在车行一里时才回转一周，并能够通过拨子（凸轮）带动车上小木人击鼓，从而报告车行里程。每当车行一里或 10 里时，小木人就会自动击鼓一下，由击鼓的次数就可以了解车辆行走了多少路程。

三国时期卓越的机械发明家马钧发明了指示方向的指南车，又叫作"司南车"。传说在上古时期有两个部落，一个姓姜，首领是炎帝；一个姓姬，首领是黄帝。还有一个九黎部落，首领叫蚩尤，经常对姜姓和姬姓部落实行偷袭。后者联合起来抵御蚩尤。但他们在与蚩尤作战时总是遇到大雾，黄帝的部落虽然英勇善战，却也无法取胜。黄帝便造指南车指示方向，终于打败九

第三章　中国古代的交通工具

黎部落，生擒了蚩尤，为统一华夏奠定了基础。还有一个传说，说西周时，居住在东南亚的越裳氏派使者觐见周成王，周公为了避免使者在归国途中迷失方向，便造了一辆指南车送给他们。

但这些究竟是传说，指南车到底是谁在何时最先发明，迄今为止还是一个谜。因未能见到实物，这个谜也一直萦绕了两千年。一次马钧听到有人议论指南车只是神话的虚

古代指南车

构，根本就不存在，他很不以为然。马钧认为古时曾有过指南车，只是现在失传了，只要肯下功夫研究，重新制造一辆指南车也未尝不可。于是他不怕讥笑，排除困难，经过长期摸索，终于研制成新的指南车。

马钧发明的指南车是一种由车子和一个小木人构成的指示方向的机械，车中装有可自动离合的齿轮传动装置，并与木人相连，木人有一只手指向前方。无论车辆向哪个方向行驶，在自动离合齿轮装置的作用下，木人的手都指向南方。比起张衡的记里鼓车，指南车的齿轮系统比较简单；但它能自动离合，因此在技巧上又超过了记里鼓车。指南车是传动机构齿轮系发展到一定程度的产物，也是轮轴机械技术发展的标志。

6. 其他畜力车辆

先秦时代的大车被看作"平地任载之具"，即指只用来拉点笨重东西而已。若是实在穷得没有马驾车，牛车也可以充任，但牛车仅可负重而已，不能用于打仗。

汉代大车的模样类似于现代大车，车体稍大，有一部分还带有棚盖。甘肃武威东汉墓出土了一件木制牛车的模型，车舆前有门窗，门窗上下有栏板。

中国古代交通
ZHONG GUO GU DAI JIAO TONG

北魏牛车俑（元邵墓出土）

舆后栏有两扇门，可以开闭。

魏晋南北朝时期，门阀士族日益喜欢乘坐牛车。东晋王朝南渡以后，江南因马少牛多，从而刺激了牛车的发展。王侯乘坐的车叫"云母车"，因为这些车都用云母来装饰，带有屏蔽，8头牛驾辕，在当时属于豪华级的车。牛车在南北朝时期盛行一时，几乎无人乘坐马车，导致这种结果的原因是贪求安逸、醉心享受的士家大族带动起来。这种情况一直延续到隋唐时期。南北朝时出现了12头牛驾驶的大型车辆。当时还出现了磨车。磨车上装有石磨，车行磨动，行10里磨10斛。

较为特殊的是，晋代还有用羊拉车的记载。晋武帝时，领军将军羊琇私乘羊车，受到司隶校尉刘毅的弹劾。除此之外，还有乘坐象车。晋武帝平吴之后，南越献驯象一头，于是造作大车驾之。在皇帝车驾出行时，以象车领头，车载黄门鼓吹手数十人，使越人骑象而行。可见到了这个时期，马、牛、驴、骡、骆驼以及羊、象等，都能充当交通运输的工具了。畜力车位居陆上交通运输的主要地位，正是我国古代交通史的重要标志。

宋代基本承袭了隋唐时期的习惯，以牛车为主，也有骡车、驴车。由于宋代坐轿的风气逐渐盛行，因此，此时的车主要用于运输货物。车辆的制作和改进也自然得不到重视，制车技术的重点也逐渐由乘人的车转到载货的车。宋朝的大车叫"太平车"，用五至七头牛拖拉。

明清时期多为骡车，人坐的叫小车，又因为车上装有棚子、围子，如同轿子一般，所以习惯上又称之为轿车。轿车是马车与轿子结合的产物。拉东西的是

四轮流马　　**太平车**

太平车

大车，没有棚子、围子，所以又称作"敞车"。

7. 人力车与其他特种车辆

据古书记载，我国商朝已经能够制造有辐车轮的轻便两轮车。这种车应该是人力牵引或推动的。秦汉时期（公元前 221 年—公元前 220 年）把人力两轮车称为"辇"，乘作"辇"的人员多为皇帝与王公贵族。

这一时期，无论是乘人的马车还是载物的牛车，皆必须在较宽敞的道路上行驶，而不适于在乡村田野、崎岖小路或山峦丘陵起伏地区使用。因此在西汉末东汉初，一种手推的独轮车在当时齐鲁（今山东）和巴蜀（今四川）的民间应运而生。这是一种用人力推挽的独轮车，货架安设在车轮的两侧，用以载货，也可乘人。由于独轮车仅有一个车轮着地，因而，在田埂、小道上可以顺利通行。这种车叫作"鸡公车"，系用硬木制造，长 4 尺，有时也可前拉后推。这种"鸡公车"在汉魏时期便盛行起来，由于这种车形状像鹿，所以又被称为"鹿角车"，简称"鹿车"。"鹿车"作为经济实用的交通运输工具，它的发明又为中国交通史增添了新的华章。它造型简练，经济实用，而且能够根据不同的需要随时在框架上增加配件，改变车型和用途。独轮车后来传遍大江南北，直到现在，仍在中国的某些地区被使用。

另外根据历史记载，诸葛亮北伐时，创造"木牛"为军队运送粮草。许多学者认为当时的"木牛"，也是一种特殊的独轮车。它比"鸡公车"更加实用，可以爬坡上坎，适用于秦岭地区的特殊地形。但这种"木牛"的具体制作方法早已失传。

宋代的独轮车前后两人把驾，旁

现代人仿制的木牛流马

清代木马车

边两人扶拐，前用驴拉，叫作"串车"。明朝在"串车"的基础上加拱形席作顶，用来拉客。这种前用驴拉、后以人推的独轮车在当时被称作"双缱独轮车"。

晋代之后，我国陆续发明了各种异形与巨形车辆。南北朝时的大楼辇驾12头牛。梁朝侯景造的楼车、登城车、阶道车等作战车辆均高达数丈，有的装有20个车轮。隋朝何安造的两轮车，车前加一导轮，车后加一随轮，形成一种新型的四轮车。唐朝高级车辆构造精密，非常平稳，行车时可使车上水杯中的水不溢出。五代时期，林知元发明三轮车，但并未得到普及。

明清时期又陆续出现许多新型车辆和异型车辆。比如帆车，即在车上加帆，巧妙地利用风力助车行进。又如明朝毛伯温为山地运输建筑材料创造八轮车。到清朝时又出现了铁甲车。铁甲车有四轮，轮的直径约一尺，车厢上下和四周都用铁叶包裹，以确保车主人身安全。

特殊的车辆——轿

轿是一种靠人或畜扛、载而行，供人乘坐的交通工具。有人把轿子看作不用车轮的车。但就其结构而言，轿子实际上是安装在两根杠上的，可移动的床、坐椅、坐兜或睡椅，有篷或无篷。这种交通工具曾在东西方各国广泛流行。我国是最早使用轿的国家。

轿子在我国有四千多年的历史。据史书记载，轿子的原始雏形产生于公元前21世纪的夏朝初期。《尚书·益稷》中记述大禹治水时有一句话："予乘四载，随山刊木。"这是大禹自述其治水过程时讲的。司马迁在《史记·夏本纪》种对此的解释是：这"四载"分别为："水行乘舟，陆行乘车，泥行乘

第三章 中国古代的交通工具

檋，山行乘樏。"这个"樏"就是指最原始的轿子。

由此可见，最初的轿子是专门用于人们在山路上行驶的交通工具。直到西汉时期，淮南王刘安在给武帝上书中仍称："入越地，舆轿而隃（逾）岭。"这也是"轿"以单字首见于史书。由于在行进时，轿子负在一前一后两个人肩上，远望过去"状如桥中空离地也"（《癸巳类稿·轿释名》），因而在上古时，轿、桥二字相通，这也是"轿"这个名字的由来。

在宋朝之前，轿子又称作肩舆。"舆"本义指车厢。从字面上看，所谓肩舆就是指扛在人肩膀上的车厢。但这种肩舆究竟是什么样子，因缺乏必要的文献记载，因此无从考证。但可以推断的是：为了减轻肩头的负重，这种过山用的交通工具多用竹子编成，所以，当时又有"竹舆""编舆""笾（边）舆""笋""篼"等名称。形式可能类似于今天四川地区登山用的"滑竿"。

1978年，在河南固始县侯古堆开掘的春秋战国古墓的陪葬坑中，出土了三乘肩舆，而且有两种制式，分别为屋顶式、伞顶式。其中一件经复原后还可以看出原来面貌：它是由底座、边框、立柱、栏杆、顶盖轿杆和抬杠几部分组成。底座呈长方形，顶盖如同四面起坡的房顶形式，轿身原本应有帷幔围绕；轿前开有小门，供乘者出入；轿杆捆绑在底部边框上，和以后轿杆固定于轿身中部的制式不同。这是目前已发现存世最早的轿子实物。它们制作精巧，结构完备。由此看来，当时已经有非常成熟的制轿工艺。这说明在此之前，肩舆一定有了一段较长的发展完善过程。

汉代舆的形象在云南晋宁石寨山汉墓出土的铜铸贝器上可以见到，它是一个长方兜形，有两根抬扛，但没有帷幔和顶盖，乘轿者取"席地而坐"的姿势，由四个短衣铣足的壮汉肩抬而行。从舆身上的斜方格纹推测，它应当是用竹篾编织而成。因为该墓是汉代古滇人之

花梨肩舆

墓，这种舆轿当属滇人所用的物品，它与同期关中、中原地区汉民族所用的舆是否有相同的制式，还有待进一步考证。

舆在魏晋六朝时期还有"版舆""步舆"等不同的形制。一直发展到唐代时期肩舆依旧在山区流行。据说武则天到万安玉泉寺时，就因为山径危悬，要用准备好的肩舆上下，却被王方庆谏阻了。这证明当时的确是有人用过肩舆上山。《旧唐书·卢程传》说，卢程到晋阳宫去册封皇太后时，"山路险阻，安坐肩舆"。唐朝大诗人白居易因年迈退出官场后，与香山僧名如满者结香火社，"每肩舆往来"（《旧唐书·白居易传》）。唐代还有"食舆"的名称。"食"含有享受的意思。由此提法，可以想象上层贵族坐上舆那种舒服而得意的感觉。

与此同时，舆的使用也越来越广泛。《旧唐书·玄宗纪》记载了一个故事：有一次，唐玄宗在上阳东州宴请百官，喝醉酒的官员就会得到皇帝赏赐的床褥，"肩舆而归，相属于路"。然而这样的情况下，肩舆毕竟是皇上的恩赐，还不是社会通用的交通工具。

还有一种起源较早的轿子类型，叫"步辇"。"辇"本是木轮手推车，商周时期是专门用来运载兵器的。从秦汉开始，辇去掉车轮用人抬行，称为"步辇"，后成为君王、后妃乘坐的一种尊贵的交通工具的专用名称。《史记·刘敬叔孙通列传》就记载了皇帝乘辇出行，接受百官朝贺的情景。《晋书·桓玄传》记载，这种步辇发展到晋朝，由桓玄进行了创新，他"更造大辇容三十人坐，以二百人舁之"。这是首次见于史册的有关特大轿子的记载。但是直到唐朝，辇除了帝王乘坐之外，一般还赐予妇女和老弱有病的官员所享用。唐朝著名画家阎立本有一幅《步辇图》，画的就是唐太宗乘辇的情形。图中的唐太宗端坐在一乘步辇上，由两个宫女扛抬，四角还有宫女扶持。由于这种步辇抬起以后并不升到肩膀上，只是到达腰的高度，所以

阎立本《步辇图》局部

相对于"肩舆"而言，又被称为"腰舆"。《资治通鉴》中就记载，唐太宗在乘"腰舆"的时候，卫士不小心碰到了皇帝的衣服，因而感到非常惶恐。

知识链接

《资治通鉴》及相关史书

《资治通鉴》，简称"通鉴"，是北宋司马光主编的一部多卷本编年体史书，共294卷，300多万字，另有《考异》《目录》各三十卷。这本书共耗时19载才最终完成。它以时间为纲，事件为目，从周威烈王二十三年（公元前403年）"三家分晋"写起，到五代的后周世宗显德六年（959年）征淮南停笔，上接《春秋》，下迄近代，涵盖16朝1362年的历史，是我国编年史中涵盖时间最长的一部巨著。它也是中国第一部官修编年体通史，在中国官修史书中占有十分重要的地位。

在这部书里，编者总结出许多历史上的经验教训，供统治者借鉴，书名的意思是："鉴于往事，有资于治道"，即以历史的得失作为鉴诫来加强统治，所以叫《资治通鉴》。

《资治通鉴》问世以后，历代官方又采取同样的体例著写史书，记载此后的历史。其中较有代表性的有宋李焘的《续资治通鉴长编》、清毕沅主编的《续资治通鉴》（记载宋辽金元历史）和夏燮的《明通鉴》等。1999年，山西人民出版社出版了著名清史专家戴逸、李文海主编、用浅近文言编写的《清通鉴》；第二年，岳麓书社出版了章开沅主编的《清通鉴》，使"通鉴"体史书成为一个完整的系列。

先秦至两晋时期，乘车外出是统治阶级主要的交通方式。虽说轿子还未流行，但是抬轿而行，要远比乘车平稳、舒适，尤其是皇室贵族对这一人力工具表示喜欢。于是，轿子又从专为走山路所用扩大为他们在平原或宫苑内的代步工具。贵族们的享乐方式不断变化，导致轿子的形制变化巨大，新的名称也层出不穷。例如晋朝顾恺之画有《女史箴图·班姬辞辇图》，画中汉成帝与班婕妤同乘一驾辇，上面笼罩网幛，夏日可避蚊虫，前置軨，乘者倚軨而坐，抬辇者为前六人后二人。这种八人抬的辇又称作"八掆（钢）舆""八扛舆"，是一种高等肩舆，当时只限于皇亲王公才能乘坐。同时，我们也可以认为这一时期辇和肩舆已经逐渐被视为同一类交通工具了。

在宋代，最为普及的交通工具就是轿子。在著名的《清明上河图》中，繁华的北宋京城汴梁大街上，轿子出游极为常见。这些轿子尽管同汉唐时期的轿子差异不大，还是由两人抬杠，但选材精良，以硬木为主，上雕花纹飞龙，造型美观。样子和近代见到的几乎一样。南宋时期，轿子得到更大范围的普及。《宋史·舆服志》中说："中兴东征西伐，以道路阻险，诏许百官乘轿。"到明朝中后期，连中小地主也"人人皆小肩舆，无一骑马者"（明顾起元《客座赘语》）。明清时期，轿子发展为四人抬或八人抬。王公贵族为了减少车马劳顿之苦，追求安稳舒适的感觉，特别喜欢乘坐轿子。清朝文人王渔洋有诗道："行到前门门未启，轿中安坐吃槟榔。"这时，轿子已成为一种非常普遍的重要代步工具。

直到近代以前的轿子，一般包括两种形制。一种是不上帷子的凉轿，也叫作亮轿或显轿；一种是上帷子的暖轿，又叫作暗轿。不同的官品，在轿子的形制类型、帷子的用料颜色等方面都有严格的规定。如明清时期的一般官吏，一般用蓝呢或绿呢作轿帷，因而有"蓝呢官轿""绿呢官轿"之称。除此以外，轿子按其用途的不同，也有不同的名称，皇室王公所用的，称为舆轿；达官贵人所乘的，称为官轿；人们娶亲所用的那种装饰华丽的轿子，则称为

第三章 中国古代的交通工具

《清明上河图》局部

花轿。抬轿子的人有多有少，通常二至八人，民间多为二人抬便轿，官员所乘的轿子，有四人抬和八人抬的区别。像是清朝规定，只要是三品以上的京官，在京城乘"四人抬"，出京城乘"八人抬"；外省督抚乘"八人抬"，督抚部属乘"四人抬"；三品以上的钦差大臣，乘"八人抬"等。至于皇室贵戚所乘的轿子，则有多到10多人乃至30多人抬的。此外，乘轿的其他规定也都彰显出封建社会里等级制度的森严。

乘坐轿子的人享受到安稳舒适之感，然而，抬轿的人却有苦说不出。封建社会时期，轿夫就等同于处在社会最底层被剥削压迫的劳动人民。辛苦受累的轿夫稍有一点过错，就会被雇主又打又骂，毫无尊严。抬轿子讲究抬得稳，走得快，因而好轿夫都是经过专门训练和长期锻炼的。尤其是四人抬、八人抬官轿的轿夫，是要有高超的技术和充足的体力的。

时至今日，轿子这种代步交通工具已经随着封建王朝的结束消踪匿迹了。除了在特殊场合，如某些传统婚礼场合，还能欣赏到一些仿古的花轿外，这种交通工具已经被时代所淘汰。

第二节
水路交通工具的演进

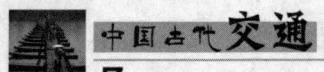

陆上交通靠车马，水上交通靠舟船。人类使用船舶作为运输工具的历史，几乎和人类文明史一样悠久。在原始社会新石器时代，我国先民就开始造船工艺了，可谓历史悠久，源远流长，并曾长期雄踞于世界前列。

古今中外，人类所用的舟船大体经历了四个时代：舟筏——木船时代、帆船时代、蒸汽机船时代和柴油机船时代。古代没有机械动力，因此只有舟筏、普通木船以及帆船。

原始的舟筏

舟筏至少在石器时代就被人类用作运输狩猎以及捕鱼的常用工具了。那时的人类以渔猎为生。捕鱼需要下水，打猎也常常过河。我们的祖先在生活中发现，木头和树叶可以漂浮在水面上，这启迪了他们的思想。于是，有人走进水中，抱着一块大木头试了试。结果，不但没有沉下去，而且木头还将人托出水面。如此一来，人们就学会抱着木头渡水了。

但是，人的双手抱着木头就没办法捕鱼。后来，原始人类把砍下来的巨大树干，用石斧砍斫和火烧的办法，将一面削平、挖空，造成了独木舟，成

第三章 中国古代的交通工具

为最古老的水上运输工具。迄今为止，世界上大部分地区都发现了独木舟的遗迹。直到新中国成立以后的很长一段时间，我国黑龙江流域的鄂伦春、鄂温克、赫哲、达斡尔等少数民族，依然使用独木舟作为渔猎生产和交通的工具。

江苏武进出土的独木舟

在造出独木舟的同时，聪明智慧的远古人类还学会了制造简单的木筏。有了木筏，人们往返河流的两岸，在水中运行，就更加方便了。受到木筏的启发，人们联想到自己身边其他能够做成筏的东西。只要能浮在水面上，并且能捆扎在一起的东西，他们都一一去尝试。他们将竹竿、芦苇等捆扎成竹筏、草筏，或用兽皮制作成皮筏，在水上漂行。筏较独木舟吃水浅，航行平稳，而且就地取材，制作简单。尤其是其中的竹筏，更受到人们的欢迎。竹子这种材料，质地坚韧，重量轻，中间空，浮力大，容易捆扎，并且长时间浸泡水中不腐蚀，用它制成竹筏，又方便又耐用。人们还把几只竹筏串成一排，运送更多的东西。人们饲养牲畜，还逐渐学会将兽皮充气后制成浮具——皮囊。他们把皮囊绑缚在竹木扎制的筏子上，制成皮筏，增大浮力，同时也增加了承载重量。

在远古时期，我国先民使用的虽然简陋但非常实用的渡水工具就是独木舟和扎筏。拥有这样的渡水工具，我们的远古祖先在水上捕捞与迁徙航行就方便多了。

据考证，新石器时代，我国东南部的百越人就发明了竹筏。在中国东南山区溪流中，目前为止，仍有许多人用竹筏作为水上的基本交通工具。我国各族人民利用当地丰富的资源制造了各种形式的筏，如江南的木筏、漓江上的竹筏、黑龙江鄂伦春族的桦树皮船、藏族的牦牛皮船、九曲黄河沿岸的羊皮筏等。这些古代人民创造的交通工具在今天的生活中仍起着重要作用。

中国古代交通
ZHONG GUO GU DAI JIAO TONG

竹筏

关于远古祖先制作独木舟和筏的故事，古书上曾有记载。比如《周易·系辞》中曾提到"伏羲氏刳木为舟"的事。所谓"刳木为舟"，就是制作独木舟最简单的方法：选一根大树干，用石斧或石刀砍、削一个长槽，然后用火烧掉木屑，再砍、再削、再烧，直到长槽达到合适的长度、深度为止。人坐立在槽中就可以浮水漂向远方了。通常而言，造独木舟要选直径在一米以上，长度在五米甚至一二十米以上的大木才行。

除此以外，大禹制作独木舟时还发生了一个有趣的神话故事。禹为了指挥治水工程，需要造一只大型的独木舟。他听说四川有一棵特大的梓树，直径达一丈多宽，就带着木匠去砍伐。树神知道后化成一个童子阻止砍伐。心怀天下的禹严厉地谴责树神，砍下大树，并把它中间挖空，造了一条既宽大又灵巧的独木舟。之后，禹乘坐这艘独木舟指挥治水工程，最终成功制服了水患。

第三章　中国古代的交通工具

知识链接

大禹治水的传说

传说在尧、舜时期，古老的神州大地上到处都是肆虐的洪水，人们的生命受到严重的威胁。为此，禹的父亲鲧接受帝尧的命令，耗时九年采用围挡堵截的办法治水，不仅辛苦，而且毫无成效。后来禹又接受舜的命令治理洪水，他吸收了父亲鲧的经验教训，采取了以疏导为主，以拦蓄为辅的综合治理方法。

大禹雕像

大禹全身心投入治水工作，"三过家门而不入"。为了照顾自己的丈夫，他的妻子涂山氏也来到嵩山，照顾他的生活起居。大禹为了尽快凿开山间通道，就变成一只大熊，无数次在山野间奔波，开山凿石，忙碌不停。为了避免吓到妻子，他就告诉她说："你听见我的击鼓声再来送饭。"

一天，大禹一不小心，竟把一块石头踢落崖下，恰好击在鼓上，涂山氏听到鼓声，很快把饭送去。可是她竟看见一只大熊在山间跳跃治水。她心中一惊，害怕之下便向山下跑去。跑了一阵，涂山氏跑不动了，化成了一座巨石。大禹见此情景，大呼："还我孩子！"只听一声巨响，石头破开，生下一个男孩，因此取名叫"启"。

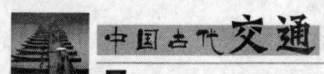

> 大禹勤勤恳恳13年，才最终制服水患。凭借这样的功绩，他后来被各部落共同推举为舜的继承人，成为天下共主。禹死后，启直接承袭了王位，废除了禅让制，开始了我国第一个世袭制王朝——夏朝。

《淮南子》中还有"燧人氏以匏济水"的记载。"匏"是葫芦，"以匏济水"指的是古人为了使生活得到改善，抱着葫芦作为浮具，到深水去捕鱼。以后，人们又把好几个葫芦用绳子连起来系在腰上以提高渡水时的浮力，这称作腰舟，以后发展到捆在背上，这样就可以把双手解放出来，使双手配合双脚一起划水，从而使人们在水中捕鱼的能力大大提升。

当然，传说和神话不等于现实，它只是在一定程度上反映了某些事实，我们可以由此推断：在原始社会末期，我国的先民们就发明了独木舟作为水上的交通工具。不过，国外学术界长期认为，中国古代没有或极少有独木舟，中国古代的木船是从竹筏或木筏直接演变而来。直到新中国成立以后，考古工作者经过不断努力，在我国各地先后发掘出土原始社会时期的独木舟30多只。这些独木舟广泛分布于我国各主要原始文化遗址当中，其中最具代表性的是我国历史博物馆珍藏的一条古老的独木舟，身长11米，上口宽0.9米，内底宽0.56米，深0.42米。根据有关测定，它的制成时间在6000年前。它是1958年江苏武进县民工挖河时发掘出来的。

1973年在浙江余姚河姆渡新石器时代遗址的考古发掘中，有6具木桨及一条废弃的独木舟出土。说明至少在大约7000年前长江流域就已经有独木舟。这6支木桨均由一整块木料刮削成型，造型与现代船桨非常相似。其中一支桨残长63厘米，其中桨叶部分约50厘米，宽12.2厘米，柄上刻有横线

第三章　中国古代的交通工具

与斜线组成的几何形花纹。另一支木桨残长 0.92 米，整体细长扁平，如同柳叶的形状。扁平桨叶的出现说明先民们已会剖制木板，已具备了向制造木板船过渡的基本条件。废弃的独木舟直径 0.6 米，中间已经刳空，一端为圆形，可能是船尾，而船头一端残损。

宝鸡出土的船型壶

除此之外，在距今 5000 年左右的浙江杭州水田畈和吴兴钱山漾的新石器时代的遗址中，也都有木桨出土，足以表明当时独木舟已成为长江流域水上重要的交通工具。

除实物遗存以外，出土文物还包括一些刻有独木舟造型的日用器具。1958 年，陕西宝鸡出土了一件新石器时代的船形陶壶。这只陶壶尖头尖尾，均向上翘起，两侧还绘有网纹。可以确定，这是模仿当时人们渔猎生产所用的独木舟制成的陶器。可见在新石器时代，我国北方的文明中心也已经出现了独木舟。1973 年，我国湖北地区也出土了距今约 6000 年的一件陶器。经过复原，可以确定是模仿一种方头、方尾、平底的独木舟制作的。此外，在河姆渡遗址中，随木桨和残舟一起出土的，也有一件夹炭黑陶制作的舟形器，与宝鸡出土的船形壶外形相近。

从这些古代遗物中，我们可以总结出：当时的独木舟的形体大致分三种：一种是头尾方形，没有起翘，接近平底；一种是头尖尾方，船头起翘，尾部平底；一种是尖头尖尾，头尾都起翘。后来的船型有方头方尾、尖头尖尾以及尖头方尾的区别，船底有平底和尖底之分，可能就是从它们演化而来的。

另外，横梁开始出现在这些远古独木舟上。这种衡量与后来的传统木船（特别是平底沙船）所用的横梁位置和功能都很类似。这种横梁在后代造船时下面加装了木板，发展成为水密隔舱，成为中国造船技术对世界船舶工业最大的贡献。从这些迹象判断，中国的木板船应当是从独木舟演变而来的，与竹筏或木筏的关系不大。

　　舟筏时代，船舶主要靠人力来推进与操纵，桨、篙和橹是其常用工具。桨不受水域深度和广度的限制，应用非常广泛。篙可以直接触及水底和河岸，使用轻便，主要在浅水航道较为适用。橹是比桨先进的划船工具，效率高而不沾水面，兼具推进和操纵航向的功能，在中国内河木船上被广泛使用。

　　据说，"五帝"中的颛顼发明了桨、篙，帝喾发明了舵和橹，尧发明了纤绳，等等。从这里我们可以知道这些行船工具是在长期的社会实践中人们集体智慧的结晶，并在使用的过程中加以改进和完善。

以人工为动力的木板船

　　在古代，最理想的水上交通工具并不是独木舟，同样也不是筏子。独木舟的大小受到木材本身的限制，因此转载货物的数量有限，同时也无法改进形状以便获得更高的速度。筏子没有船舷，装载量稍大一点就会没入水中。因此，随着人类文明的不断进步，生产力的不断发展，水上运输活动日益频繁，对船只提出的载重要求也相应提高。此时，这两种原始的交通工具已经无法满足人们的日常需要，人们在努力寻求着变革水上交通工具的办法。

　　进入青铜器时代以后，人类对木材的加工能力提高了，我们的祖先在实践过程中对独木舟和筏不断加以改进，企图将原木加工成木板来造船。起初，人们为了增大独木舟的容量，而在其周围加上4块木板，原来的独木舟就变成船底了。在长期的演变过程中，圆底独木舟逐渐变成了船底的中间部

木板船

分，通连首尾的主要纵向的木材就变成"龙骨"了。这样就变成尖底或圆底的木板船，而原来平底的独木舟也就逐渐演变成平底木板船底中心线上的一块木板了。与此同时，人们对筏也进行了改造，在筏的四周安上木板，逐步演变成另一种木板船。这时事物起了质变，完全不同于独木舟和筏的新船——木板船就诞生了。

造船业的发展是生产力发展的必然结果。由于木板的加工对金属工具依赖程度很高，据此推断出，我国很可能到了夏朝时期才发明了木板船。从考古学家在河南偃师二里头遗址中发现的夏朝的铸铜和冶炼作坊，以及铜锛、凿等金属工具来看，夏代的生产力有了质的飞跃，再加上当时已有了规、矩、准绳等木工生产工具，建造木板船的各种条件已经充分具备。

到了商朝，生产力又有了提高，金属工具开始大量应用到制作木板船的工程中去，并进行较大规模的商业活动了。商代已有锋利的青铜切削锯刻工具，还有用青铜制成的斧、刀、锯、凿等生产工具。这些生产工具的广泛使用使制造大批木板船成为可能。在二里头夏文化遗址中发现了12枚仿制的骨贝和石贝。而"贝"在古代代表着货币价值，说明夏代内地与沿海地区就已有了商品交换。发展到商代时期，人们在商业活动中开始利用舟船作水上交通工具出行。在河南安阳商朝遗址及墓葬中都出土过许多海贝、象牙、鲸鱼骨，这些都是海中产物或海外交换而来的产物，这足以表明当时已经有了航海事业的开展。

甲骨文和金文中的"舟"字都是像形文字。其字形在一定程度上反映了当时木板船的结构形式。"舟"字上有二或三条横，表明当时的木板船已经能够用横梁（横板）加强船体横向强度，并形成了3~4个分段隔舱。也说明至少在3000年前的商代，我国已经完成了从独木舟到木板船的变革。

甲骨文"舟" 　　　　　金文"舟"

知识链接

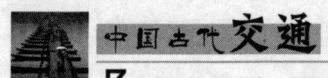

甲骨文的发现

甲骨文的发现是19世纪末、本世纪初的中国考古的三大发现（敦煌石窟、周口店猿人遗迹）之一，在中国及至世界考古史上都是一个奇迹。

清末光绪二十五年（1899年）秋，清廷国子监祭酒王懿荣（1845—1900年）身患疟疾，派人到宣武门外菜市口的达仁堂中药店买回一剂中药，王懿荣无意中看到其中的一味称作龙骨的药品上面刻画着一些奇怪的符号。龙骨相传是龙的骨骼，在这种骨头上怎会有刻画的符号呢？这一发现引发了他继续探索的欲望。对古代金石文字颇有研究的王懿荣便仔细端详起来，觉得这不是一般的刻痕，与古代某种文字极为相似，但其形状又非籀（大篆）非篆（小篆）。为了找到更多的龙骨做深入研究，他派人迅速赶到达仁堂，以每片二两银子的高价，把药店所有刻有符号的龙骨全部买下，后来又通过古董商范维卿等人进行搜购，累计共收集了1500多片。

他对这批龙骨进行仔细研究分析后认为，它们并不是什么"龙"骨，而是几千年前的龟甲和兽骨。他从甲骨上的刻画痕迹辨识出"雨""日""月""山""水"等字，后又找出商代几位王的名字。由此推断这是刻画在兽骨上的古代文字，从此这些刻有古代文字的甲骨在社会各界引起了轰动，文人学士和古董商人竞相求购。

应该说，由独木舟和筏发展到木板船，这是造船史上的一次飞跃。它开辟了航海及河运史上的新时期。制作成功的木板船容量比独木舟大，各方面性能

第三章 中国古代的交通工具

也比筏要好很多。木板平接或搭接成为船壳，为了增加木板船的强度，内部用隔壁或肋骨形成若干个舱室。最早出现的木板船称作舢板，原名"三板"。顾名思义，它最初的构成单位是用三块木板，就是一块底板和两块舷板组合而成。1975年，江苏武进出土了一条汉代木船，船体恰好用三块木料拼接而成的，从而证明这种形式的木板船在我国有着极为悠久的历史。这种"舢板"船至今仍在广西地区河窄滩多、水道曲折的地方使用。

从现代舢板的制作工艺来看，三块板中的底板要用火烘烤，使其两端向上翘起。两侧的舷板直接嵌入底板，然后再用铁钉连接。早期的木板船，板和板之间、船板和框架构件之间应当是用榫卯连接，并用纤维绳或皮条绑缚起来的，后来才开始用铜钉或铁钉连接。除此之外，板和板之间的缝隙还需要用草、麻或竹一类的纤维堵塞，最后用油灰捻缝，使其达到水密效果。

如1978年在河北平山县三级乡中山国一号墓附近发现的五艘战国时期的木船，就是铁箍拼接船板，并用铅皮、麻布、油灰等填塞缝隙的工艺手法。鉴于在战国考古发掘中，多有铁制条状物、尖状物、铁棺钉和普通铁钉出土，是以推算出当时的造船很可能已采用了铁钉金属拼接工艺，这对于加强船体的结构强度是大有裨益的。

几千年来，人们在实用中不断对舢板船加以改进，使其更加完善，并且

舢板

不断有所创新，导致了千姿百态、性能优良的各种船舶的产生。

除了舢板这种单体木板船外，当时人们还受木筏制造原理的启发，造出了舫（[fǎng]，《说文》："舫，并舟也。"），即把两艘以上的船体并列连接起来。"舫"也称"方""枋""方舟""方船""枋船"，有时也写作"航"。舫最初的制作方法非常简单，就是利用皮条、藤萝或绳索将两只船紧紧地捆绑在一起。后来，又演进用木板或木梁放置在两只船上，用木钉、竹钉或铁钉钉在一起，两船之间也保留一定间隔，而不必船舷跟船舷紧靠在一起了。

舫与单体船相比具有很多的优点。由于舫有两个船身，采用"加板"连接两船以后，两船的中间又出现了"桥"。船的总宽度比原来的单体船增大了一倍多。根据造船原理船身变宽后其稳定性能自然更好。舫的排水量比单体船也增加了，舫能装运原来单体船无法装运的重物，在增宽的甲板上也便于堆货载人。如有需要，舫还可分解为单体船，以适应狭窄的河道或提高行驶速度。

除了由两只船体构成的舫外，在历史上还出现过由多只船体构成的船只。这种船行驶平稳，上面可以建造豪华的庐舍，逐渐发展成为统制阶级外出游玩时的专用船。周代对乘船有严格的等级规定：天子乘坐"造舟"，诸侯乘坐"维舟"，高级官员乘坐"方舟"，一般官吏乘坐"特舟"，普通百姓只能乘坐"桴"。"造舟"由多只船体构成，"维舟"由四条船并列构成，"方舟"由两条船并成，"特舟"是单体船，"桴"就是木筏和竹筏。

相对独木舟或筏而言，木船更能满足人类在运输与生产上的需要。诸侯国之间经常使用船只往来。同时，随着大国争霸，战争频繁，船也发展成为战争的工具，商船和战船已经分开。《左传》中记载，鲁襄公二十四年（公元前549年）夏，楚国国军率领"舟师"进攻吴国。这里的"舟师"就是水军。这也是我国历史上有文献记载的最早水战。

战船是从民用船只发展起来的，但是战船既要配备进攻手段，又要防御敌方进攻，因此，它在结构、性能以及装备上的要求都比民用船只高。可以说，战船代表着各个时期最高的造船能力和技术水平，也从一个侧面反映了当时的经济力量和生产技术水平。其中地处长江中游的楚国、太湖流域的吴国、钱塘江流域的越国以及济水流域的齐国因为水网密集，因而对制造战船、组建水军尤其上心。

比如，当时最著名的是吴国水军的战船，史籍记载，吴人以"舟楫为舆马"。其水军包括"艅艎""三翼""突冒""楼船""桥舡"等多种舰艇。艅艎又写作"余皇"，属于王侯乘坐的大型战船，战时作为指挥旗舰。据古书记载，艅艎船首绘有鹢鸟的图案，航行性能绝佳。

古代战船模型

水军的主要战舰是三翼，即大翼、中翼和小翼。其中大翼长 10 丈，阔 1.5 丈，可以载士卒 90 多人，有较高的航行速度。据文献记载："大翼长十丈，阔一丈五尺二寸，一船可载士兵二十六人，桨桡手五十人，操驾水手三人，长钩、长矛手十二人，指挥二人，共九十三人。船载弩三十二张，箭三千三百支，盔、甲各三十二副。中翼长九丈六尺，阔一丈三尺五寸。小翼长九丈，阔一丈二尺。"以大翼载 93 人计，桨桡手占船上所载总人数 1/2 以上。与敌人对战时，桨多船快，进退自如，是快速攻击战舰。由于它行驶时如飞翼般地迅速，因此，将这种战舰命名为"翼"。据推算，其载重量为 200 石左右。

除此之外，还有桥船、戈船等不同类型，它们在水战中各司其职。吴国就是凭借这些战船先后在汉水和太湖大败楚、越两国的。后来勾践卧薪尝胆，越国灭吴时的战船也已经发展到 300 艘之多。

越人自古擅长航海，也是素来以舟为车，以楫为马。越人有"断发文身"的习俗，可能这是由于常在水中，长发不便，所以剪短，纹（文）身，是象征龙之子，求其在海中的安全，自然也有迷信的色彩。经常潜水游泳的越人有着较为成熟的造船航海技术。他们造的船有适于海战的戈船，也有民用的

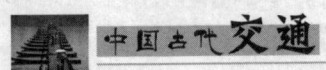

成都出土的嵌错采桑宴乐水陆攻战纹壶　　　左图纹样摹本

扁舟、轻舟、舲等。越灭吴后，公元前468年，越沿吴北上的途中从会稽迁都至琅琊，即今山东胶南琅琊台西北。这时，越国将琅琊、会稽二郡合并为一起。有"死士八千，戈船三百艘"，使楼船士卒"两千八百人伐竹柏为桴"。这些数字表明，越国有非常发达的造船业。

虽然先秦时期战舰的实物至今仍没有发现，但出土的文物青铜器上多有"水陆攻战"纹饰。从这些纹饰中可以看出，战国时代的战舰船体窄长，分上下两层。下层由三四个桨手藏在船舱之内，划桨提供动力，同时佩剑防御；上层站立四五个武士，有的击鼓，有的射箭，有的挥戈舞剑，相互配合作战。对照上述文献来看，这种战舰属于小型战舰。

帆船的出现

以桨、篙、橹为推进工具的木板船速度十分有限。而且木板船在航行时会遇到的一个棘手问题，就是它的抗风能力较差。只有当抗风浪能力较强并

第三章 中国古代的交通工具

能借助大自然风力进行远距离航行的木帆船出现后，人类在航海活动中才能占据主动位置。

船上有了帆，这就大大推进了前进的速度。这是船舶推进动力的又一次飞跃，也是人类最先开发自然风力资源的项目。木板船上使用了风帆，就可以因风致远，使航海范围日益扩大，向大海的更深更远处航行。

帆船模型

根据有关记载，古埃及远在公元前四千年就发明了帆船。中国使用帆船的历史也可以追溯到公元以前。关于帆的发明，《淮南子》中记载为"夏夷作帆"。另有传说是：大禹受到一种叫鲎［hòu］鱼的启发。鲎鱼的形状很奇特，身体扁而宽，像螃蟹，眼睛长在背上，嘴长在肚腹之下，而背上生有高七八尺的鳍。它有12只脚，尾巴细长，像剑一样。每当有风吹来的时候，它的鳍就高高挺起，可以借助风力前进；而没有风的时候，它的鳍就自动收拢。不论自然界是否有这种鲎鱼，但是帆的发明，很有可能是人们受到自然界某种东西的启发，并进行长期实践的结果，是生产力发展到一定水平的产物。

中国究竟是什么时候发明的帆船，目前仍然存在很多的争议。有人推测先秦时代甚至早在商代中国就已经有帆船了。在殷墟出土的甲骨文中，有些字形很像船的帆。甲骨文中的"凡"字，有的学者认定就是风帆的象形字。甲骨文中说："戊戌卜，方其凡。"按照这些学者的解释，意思就是说，戊戌这一天占卜，船（"方"就是舫、船之意）上必须（"其"就是"必须"之意）挂帆。

文"凡"

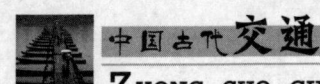

如果这样的解释正确，那么说明在商代时期，我国已发明并使用了风帆。可以作为辅助证明的是，从甲骨文中，我们也可以知道当时的人们对风力已有所了解，并按照风力的大小，把它分成四个等级，即"小风""大风""大撇风"（大骤风）、"大狂风"。因为风力的大小与航海有密切的关系，因此这种等级很可能是人们在航海实践过程中慢慢总结出来的。

对于帆船的航行速度来说，风向也很重要。商代已知东、南、西、北四方风。春秋战国时，人们又总结了十二辰风。

知识链接

季风与十二辰风

季风是季风环流的简称。这是一种由于大陆和海洋在一年之中增热和冷却程度不同，受海陆分布、大气环流、大地形等因素影响的在大陆和海洋之间以一年为周期的、大范围的、有规律改变风向的风。理论上来说，冬季和夏季盛行相反的风向。形成季风最根本的原因，是由于地球表面物理性质不同，热力反映有区别造成的。

我国处于东亚季风区内，表现为：盛行风向随季节变化有很大差别，甚至完全相反。冬季盛行东北气流；华北—东北则盛行西北气流。夏季盛行西南气流，中东部—日本还盛行东南气流。

季风在我国古代有各种不同的名称，如信风、黄雀风、落梅风等，在沿海地区又称之为舶风。我国战国时期编写成的《周礼》根据人们的长期观察，把风做了十二个分类，认为十二个辰（即地支子—亥）都有风。它

不仅有十二个风向而且与十二个月以及季节都有一定的关联。据此可列出十二辰风表：

春：子是元月，北风；丑是二月，东北偏北风；寅是三月，东北偏东风。

夏：卯是四月，东风；辰是五月，东南偏东风；巳是六月，东南偏南风。

秋：午是七月，南风；未是八月，西南偏南风；申是九月，西南偏西风。

冬：酉是十月，西风；戌十一月，西北偏西风；亥十二月，西北偏北风。

十二辰风是对我国季风环流的细化，揭示了季风变化的基本规律。十二辰风规律在预测海洋气象、确定起船与返航日期等方面至今仍发挥作用。这比埃及人发现季风早200多年，比公元前一世纪古希腊水手希帕洛斯发现季风早300多年。

据《史记·秦始皇本纪》记载，秦王朝曾派徐福携带童男童女及工匠等数千人，乘船出海，寻觅海外仙山。能够出海远洋的大船，很可能已经开始使用风帆了。

在东汉时期著写的《南州异物志》中，首次有了关于中国帆船的记载。根据该书描述，当时出现的帆船就已经设计有四个风帆，并不直接迎风，而是横向且稍倾斜地面对迎风面。这样能够使船只即使在逆风的情况下仍然保持高速前行，无须像西方早期的帆船和日本帆船那样降帆。在帆的材质方面，则是使用竹竿加强的"硬篷"。当时最大的帆船长达20米，宽10米，即可容纳700人左右或260吨以上货物。从这样的记载推断，中国帆船之所以送到如此成熟的形态，有可能在之前就经历一个较长时间段的发展期。关于这些问题，我们还会在下面详述。

中国帆船是中国独创的帆船类型，至今已有两千多年的历史。它的构造和欧洲帆船有一定区别。欧洲帆船两端尖而上翘，中国帆船则两端用木板横向封闭而形成平底的长方形盒子。舵位于尾部中心线上，尾部造成楼形高台，以防止上浪。后来，加以改进的帆船内部还设有多道结构坚固的水密隔壁。中国帆船一直采用横向且有竹竿加固的"硬篷"，这种平衡纵帆操作灵便，能承受来自各个方向的风力。经过历代不断的改良和演变，直至20世纪初，中国帆船用作贸易载运仍然活跃于中国近海。

秦汉时期——我国造船业的第一个高峰

公元前221年，秦始皇建立了我国第一个统一的多民族的中央集权的封建制国家。那个时期我国国土扩增延伸至海域，由渤海、黄海、东海、南海自北而南环绕，为航海业的发展提供了至关重要的自然条件。随着冶铁业的持续发展，社会生产力有了进一步的提高。海上贸易的开辟，对造船业提出了更高的要求。秦汉两代承袭原来发达的造船业的技术水平并加以发展，成为我国造船史上的第一个大发展时期。在这一时期，船只的类型丰富、规模完整，船上的动力和系泊设施均已完备。

据记载，早在周武王时期，就已经特别设立了专门管理舟舰的官吏，叫作"舟牧"或"苍兕"，建立了舟楫检查制度。春秋战国时期，我国南方已有专设的造船工场——船宫。这足以表明，远在先秦时期，造船业已经变成一种由统治者主导的大规模的手工生产活动。

新中国成立以后，考古工作者还在广州发现一处大规模的秦汉时代造船厂的遗址。该船厂的中心部分平行排列三个造船台，滑道长度都在88米以上。其中1号和2号船台都由枕木、滑板以及木墩组成，为水平式船台。经

第三章　中国古代的交通工具

过测算，这样的船台造出的船应当长至 20～30 米，宽 6～8 米，载重可达 50～60 吨。该船厂的发现进一步证明了我国秦汉时期高超的造船水平。除此之外，在今陕西、四川、安徽、浙江、江西等地，也都有秦汉的造船工场遗址发现。比如位于长安西的长达 40 里周长的汉朝昆明池造船基地。

据古书记载，秦始皇在统一中国南方的战争中组建过一支能运输 50 万石粮食的大船队，还曾派大将率领用"楼船"组成的舰队攻打楚国。统一中国后，他又五次大规模海上巡行，乘船在内河游弋或到海上航行。

汉武帝（公元前 140—公元前 87 年在位）统治时期，社会经济蓬勃发展，国势强盛。为了对沿海地区统一管理，促进近海与远洋的交通、贸易，汉武帝大力建设造船业，组建强大的水师，并曾先后七次巡海航行。

汉代时期已经有相当发达的造船业。借鉴相关古籍，加之对现代出土的汉代船模研究，可知汉代已能根据不同的用途和需要建造各种类型的船，其中包括客船、货船、战船等。客船中又可分官船、民船；民船中又有舸、艑、艇、扁舟、轻舟、舲舟、舫舟等不同类别。

汉代时，统治者曾组建了几支非常强大的以楼船为主力的水师。据说打一次战役，汉朝中央政府就能出动楼船 2000 多艘，水军 20 万人。舰队中配备有各种作战舰只，有在舰队最前列的冲锋船"先登"，有用来冲击敌船的狭长战船"蒙冲"，有快如奔马的快船"赤马"，还有上下都用双层板，四面设板防御矢石，其内如牢槛的重武装船"槛"。

在水上战争中，楼船是最重要的船舰，是汉朝水师的主力，因此，它在汉代是整个水师的统称。如水兵被称为楼船卒、楼船士，水军将校称作楼船将军、楼船校尉

南北朝绘画《洛神赋图》中的楼船

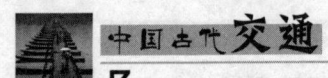

等。楼船也最能代表汉代造船技术的高超。而在汉朝时期,显示造船技术高超的标志就是楼船的建造与发展。

楼船,顾名思义,就是有楼的船。元狩三年(公元前120年),汉武帝下令在长安城西南挖建方圆40里的昆明池,在池中建造楼船。船上能起高楼。秦代时期出现的楼船在汉代时获得了更进一步的发展。

汉代楼船高10余丈,依甲板次第而上建有三个楼层,第一层称作"庐";第二层名"飞庐";第三层叫"爵(雀)室",即像鸟雀在空中俯瞰示警。这三层每层结构都有防御敌方射来的弓箭矢石的女墙(即矮墙),女墙上设置用来发射弓弩攻击敌方的窗孔。为了防止敌人用火攻之,因此,船体全部用皮革蒙上。楼船这个庞然大物上还遍插旗幡、刀枪林立,以壮声势。楼船上设备齐全,已使用纤绳、橹、帆、楫等。

西汉创建了很多水师基地。水师常备军皆驻扎在沿江傍海各要地,受所在郡守统辖。西汉的主要水师基地有豫章(江西南昌)、浔阳(江西九江一带)、庐江(安徽安庆)、会稽(江苏苏州)、句章(浙江余姚钱塘江口杭州湾处)、博昌(山东博兴入莱州湾处)等处。庐江、会稽等郡同时也曾作为重要的造船基地。

汉武帝依据其强大的水师完成了对东瓯(今浙江省东南部)、闽越(福建部分地区)、南越(广东广西部分地区)等地方封建割据政权的统一,巩固了海疆,为东南与南方沿海航路的畅通打下了夯实的基础,继而开辟了海上丝绸之路。汉武帝曾七次巡海,不但年距很近,有时一年一次,而且直到他去逝的前两年,在其69岁高龄时还去巡海。

汉朝时期,用于民商的船只也极为庞大,数量也极为可观。当时所造的船是以长度"丈"来计算的,有些大商人一家就有船1000丈。从考古发掘中也可证明汉代造船业的发达和造船技术的先进。1973—1974年在湖北江陵凤凰山上西汉墓中出土了木质船模型,长71厘米,中部最宽处为10.5厘米,头部较窄,尾部稍宽,底部平坦呈梭形,两端呈流线型上翘。与船模同时出土的木简中也有记载舟船的资料。

1951—1952 年，在长沙发掘的西汉 203 号墓中发现一只两头小、中间大，船形狭长的船模，配以 16 支划桨，船模两侧边沿及首尾甲板上都有规则的钉眼。足以表明，当时世界上最先进的钉接技术已经在西汉时期开始采用了。

1955 年，在广州郊外的东汉墓椁中出土了一只陶制船模，船分前中后三舱，舱上都有盖顶，船首两旁有三根桨架，船舱有八根横架梁橹，船的两侧设有撑篙用的边走道，有舵锚，是一只有部分甲板的中型内河客货船。

汉代的造船技术也逐渐成熟。船只的各种动力装置，如桨、橹、船尾舵、风帆等推进工具的日益完善和广泛使用，并开始出现了水密隔舱。

1. 桨

我国是"舟"的故乡，也是桨的故乡。在 1 万多年以前的河姆渡文化的新石器时代，在独木舟出现的同一时期也产生了桨，并且迅速成型。当时的桨与今天的桨差别很大。当时的桨有极短的握杆，还有窄且长的桨板。经专家考证是因为当时人们的划桨方式与今天相比有很大差别，那时的人们是一手握着握杆，一手把着桨板来划船的。不过，那时的桨已经做得相当规整、美观了，而且还带有漂亮的雕花图案。

到了春秋战国、秦汉两朝，随着"舟师"的发展，以及皇帝们为寻长生不老药而多次发动的"东渡"活动，更加促进了桨的发展。桨逐渐趋于大型化，握杆变长，桨板缩短变薄，用起来更加方便，也更加有力，加快了水上航行的速度。汉朝以后，桨在外型上已经基本定型，只是体积和表面积仍旧在不断加大，用桨的规模也日益变大，由原来的一舟二桨，发展为"一舟桨叠层"，就是用上下两排桨。由于手工划桨与当时的社会生产力不适应，所以当时的船上已经出现了精密的简介控制桨划动的机器。

2. 楫和棹

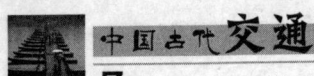

我国先民早在新石器时代就已经学会用竹篙、木桨来使船前行并掌控行进方向了。随着人们向涉航的水域渐深，用竹篙不仅麻烦而且所起作用甚小，木桨的使用日益增多。早期的桨多为短桨，叫"楫"，上端为圆杆，下端作板状，用两手持楫划船使船前进后退。在广州出土的西汉木船模上有四个木俑，各拿一把短桨，那就是楫了。但是，由于楫入水浅，推动力量小，人们开始不断改进，加长桨板，加宽桨叶，坐着划的短桨逐渐发展成站着划的长桨。长桨古代称为"棹"。又由于长桨重，不便手持，于是就在舷侧做了可以搁放长桨的桨柄孔或固定的支点，称之为桨座，以发挥杠杆作用。桨板拨水向后，其反作用力通过桨座推动船只前进。在长沙出土的西汉木船模中，我们可以看到有 16 支"棹的船型"，这 16 支棹以舷板上的圆孔作支点，棹有了支点，就成了一个杠杆，划动时可以减轻臂力，发挥了腕臂的作用，体重大的桨手更适合划船，也会使划船效率显著提升。为了增加船只行驶的速度，桨手们常常一齐边划边唱以便统一动作，同时可减轻疲劳感。汉武帝《秋风赋》中有"萧鼓鸣兮发棹歌"，描写的就是这种情况。

3. 橹

由长桨演变而来的利用人力推进船只的工具叫作橹，橹可以有效控制航行的方向。桨在划行中非常不便。且桨每入水做功一次，立即要出离水中，为第二次入水做功做准备，这样，出水做的功是"虚功"，影响划行的效率。因此，它是间歇做功，船只也跟着间歇推进。于是人们对长桨加以改进，发明了橹。橹的外形与长桨很像，但较大，橹的把手和橹板都是弯形的。入水一端的剖面是弓形，另一端系在船上，在橹把手顶端部位系着一条绳叫"橹担绳"，橹担绳的下端拴在甲板上的一个铁环上。橹担绳可通过长短的变化来调节橹入水的深浅，也有固定橹的作用。刘熙《释名》中指出橹的操作位置及作用："在旁曰橹，橹膂也，用膂力然后舟行也。"橹的操作方法是"摇"，时人称之为"摇橹"。橹入水后连续摇动，水中的橹片左右摆动，其前后产生的水压力差可产生推力。这种推力相比长桨而言，效率更高，更加省力。由于橹加长了长桨的桨柄与桨叶，又把原桨叶的尾部弯曲上翘，所以橹也被叫作新式的长桨。橹被置于舷侧，手持橹柄，来回摇动，产生连续推功力控制舟船行进。这是汉代船舶推进工具中划时代的重大发明。久而久之，橹由置于舷侧发展到置于船尾，不仅能起推进作用，还可操纵船舶的转弯，调整方向，控制航向。由于橹结构简单，功能多变，至今仍在起作用。

橹是中国对世界造船与航海技术上的突出贡献。

知识链接

刘熙与《释名》

东汉时期，刘熙的著作《释名》主要写了从语言、声音的角度来推算字义由来的一部书。其体例仿照《尔雅》。共8卷27篇，分别为释天，释地，释山，释水，释丘，释道，释州国，释形体，释姿容，释长幼，释亲属，释言语，释饮食，释彩帛，释首饰，释衣服，释宫室，释床帐，释书契，释典艺，释用器，释乐器，释兵，释车，释船，释疾病，释丧制。

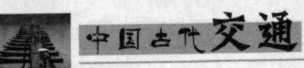

刘熙，字成国，东汉北海（今山东省寿光、高密一带）人，生活年代当在桓帝、灵帝时期，曾师从著名经学家郑玄，献帝建安中，曾因躲避灾祸而逃至交州，其余事迹不详。

　　刘熙解释名源，采用的是声训的方式。所谓声训，就是用声音相同或相近的字来解释词义。这种方法在先秦典籍中已有采用。它通过语音来说明事物得以如此称名的缘由，汉代《尔雅》《方言》《说文解字》等著作中，声训也多有运用。全书的名物语词都用声训来解释，则以《释名》为独创，对后代训诂学因声求义的影响巨大。但拘于一途，则难免穿凿附会。除此之外，刘熙在解释语源时，还在一定程度上注意到了当时的语音与古音的异同。

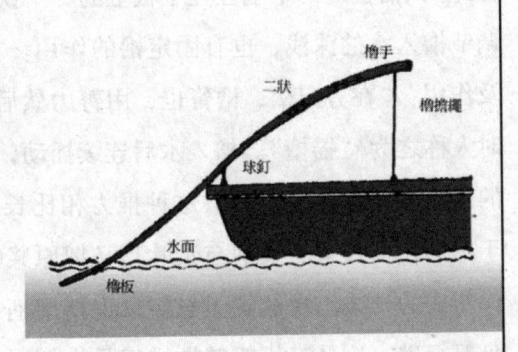

橹的装置

　　《释名》这部著作在孙吴末年已广泛流传，为当时的学者所重视。到明代，郎奎金将它与《尔雅》《小尔雅》《广雅》《埤雅》合刻，称《五雅全书》。因其他四书皆以"雅"名，于是改《释名》为《逸雅》，从此，《释名》又别称《逸雅》。但作为研究汉语语源学的要典，《释名》在产生后却长时间无人整理，直到清代才有人对它进行补证疏解。其中最重要的著作是毕沅的《释名疏证》和王先谦的《释名疏证补》。其中后者为清人研究整理《释名》的集大成之作。

4. 船尾舵

中国是世界上最早发明舵的国度，代表中国造船与航海技术上的重大成就的是对舵的使用。桨的作用是划行和控制方向，控制方向的桨被称为舵桨，它的位置逐渐从船舷移到船尾的正中央成为尾桨。尾桨从划动发展为不离水面的摆动，尾桨起到了舵的作用，改称为舵桨，舵桨就是舵的始祖。1974年湖北江陵西汉墓中出土的一具木船模型上有五支长桨，都有桨叉，其中的四支在船前部两侧，作划桨用，另一支在临近船尾的舷部作舵桨用。舵桨遇浅滩或靠岸时不易操纵，且随着船体规模的加大，桨翼也需要修改原先不适宜操作的部分，于是人们不断对舵桨进行改造，舵便应运而生了。

舵至少在东汉已被发明并使用，1955年广州出土的陶船模的舵尾就有一支早期的船尾舵。其舵面呈不规则的四方形，面积较大，和舵桨有完全不一样的形状。舵杆以十字形结构固定，从船尾斜伸入船后方，舵杆顶端有一洞孔，用以安装舵把，转动舵把可使舵面连轴转动，以此调节舟船的行驶方向。这是航向操纵工具的重大变革。

5. 风帆

到了汉代，我国使用风帆的技术已经成熟。

我国自商朝就有了测风仪"伣"。它其实是一条为了测风向而绑在杆顶上的丝绸带子（或羽毛）。风来的时候它随风摆动，古人通过观察它摆动的方向可知风向。汉武帝所建的建章宫上有两只相风（观察风向）的铜凤凰。东汉张衡也做过相风铜鸟。这种观风装置又叫"五两"。因其重量必须在五两以上，八两以下，太重难以吹起，太轻则容易旋转，就不好掌握风向了。这种测风仪由于结构简单实用，便逐渐被引用至船上，为出海提供帮助。后代还有在船桅顶端悬挂"鲤鱼旗"的，它就是从"伣"美化发展而来的，也是一

种测风仪。

最晚在东汉时期，风帆的结构及其驭使技术已经相当成熟了。帆根据其制作用料的不同，大致可分为两类：一类是用丝织物或布做的，称作"布帆"；另一类用竹篾或其他植物纤维做的，称作"蓆帆"。根据帆的结构特点也可将其分为两类，一类是软帆，如布帆、蒲草帆，没有横向的帆竹支撑，只能在正顺风时用人字桅悬挂，不能斜移，也不能转动；另一类是硬帆，将与帆横面等长的若干根竹竿等距支撑在帆的一面，或交错穿插在帆的两面，这种横竹竿叫帆竹，它可以支撑帆面使之平整，用来有效地利用风力。硬帆不仅能够在单独的桅杆上悬挂，还能够围绕杆轻松转运，形成平衡纵帆。

帆船

东汉丹阳太守万震著的《南州异物志》，提到了当时南海航海者的风帆驭风技术。书中说明了帆面悬挂的位置在驭风中的重要性及帆面悬挂的样式与受风程度的关系，我们根据本书中风帆的有关记载，了解到汉朝时期海船上的风帆有着先进的使用技术。海船在驶风航行时，随风向的顺逆不同而采取不同的帆位布置。现代木帆船依然运用这种方法驭风。船工有"船驶八面风"的说法。也就是帆船要利用各种风向来驭风航行。所谓八面风，就是指相对于海船航向的八种风向，即顺风、逆风，左、右侧风（即左右横风），左、右斜顺风，左、右斜逆风。无论哪种风吹来，都与船体纵中线形成一个夹角。当正顺风时，风向与船体纵中线一致形成0°角，正横风时形成90°角，正逆风时形成180°角。海船的航向与风向在0°～180°，这样，由于风向的不同会形成不同的夹角，这种夹角称作"风角"。当风角成0°时，海船航向与风向一致，船帆全面正迎风吹，是利用风力的最佳位置。这时的帆面与船体纵中线形成90°夹角，这种帆面与船体纵中线形成的夹角叫"帆角"，通常来说，风

第三章 中国古代的交通工具

角与帆角成反比。实际上，海船经常是在各种横风与斜风中航行，正顺风的0°风角与90°帆角的情况是非常少的。不论风向怎样，船工们都会随着风向的变化把帆面调整到最好的位置，形成最有利的帆角。在多帆船上，斜移的帆面各自迎风，可避免后帆遮挡前帆受风的现象。这些都是远在汉朝时期，就已经形成的运用风帆行驶船只的富贵经验。

6. 水密隔舱

船体航行在水面上，水面浸没船体的那条线叫作"吃水线"。船只在吃水线以下的部分，同时也是最容易被暗礁撞毁的部分。一旦船底因触礁而损坏，海水就会迅速灌满船舱，此时，船毁人亡的悲剧在所难免。

为了加固船体，我国古人最初采用框架结构增加船体的强度。最后逐渐发展成为用与舷板同样质地和厚度的隔板将框架钉严，使隔板与船壳板紧密钉合，并以桐油灰密封间隙，形成一层层大小相等的分隔舱。如此一来，船在航行时，即使有一两个船舱进水，也不会致使其他舱无法使用。进水的船舱可以抓紧时间抽水、堵塞漏洞以及进行其他修理，并不影响船的继续航行。即便漏洞过大，也可以勉强航行返回港口确保人员安全。同时，比起框架结构，这样的船体被加固得更强，增加了船舶在大风大浪中航行的坚固性和行驶的安全性。这种隔舱就是后世所称的"水密隔舱"。

从考古发现中可知，我国汉代已经具有先进的造船技术，已经有横隔舱结构的出现。1955年在广州出土的东汉陶船模与1974年湖北江陵出土的船模，船的甲板下分别建有前、中、后三个舱。从广州陶船模上可以明显看到从船首到船尾有八个横梁，船的两侧设有沿着船身纵向铺设的木板，用于撑篙的左右两

水密隔舱古船

边走道。由于在甲板上建有舱房，舱房的左右两壁都压座在两舷上，所以前后两壁之下必须有横梁来支持它的重量。三座舱房的前后壁各压座在一根横梁上，这就用了六根横梁，余下的两根中，按照普通的木船建造规格，一根是船首的龙梁，一根是船尾的断水梁。这样一来，恰好用了8根梁。每根横梁之下是木船建造中加固横向强度的框架，架上再附钉上横向木板构成的隔舱板。八根横梁说明有八副隔舱板，它们把船体隔开成九个严密的水密隔舱。

水密隔舱是我国造船史上的一项重大发明。这一技术到了隋唐时代发展成熟，到宋代已经应用广泛，并成为元明以后中国远洋帆船大型化的重要基础。1291年，意大利旅行家马可·波罗离开中国返回威尼斯，将他记载下来的中国水密隔舱技术传播到了欧洲。欧洲从此获知并掌握了水密隔舱技术，极大地促进了大航海时代的到来。随着18世纪以后欧洲近现代工业的逐步发展，水密隔舱最终变成现代船舶制造业的技术标准。现代船体无论如何分舱，但都沿用了中国古代造船借分舱抗沉和加固横向强度的基本设计原理。中国工匠古老的智慧和高超技艺在现代仍然大放异彩。

秦汉造船业的发展，为此后一段时间造船技术的进步，奠定了坚实的基础。

三国两晋南北朝时期，北方地区因连年战争不断，严重破坏了生产力的发展，大批难民开始向南方迁徙。流徙的人民为南地带去了先进的科学知识、生产技术以及生产工具，同南方劳动人民一起共同开发江南地区，使原来落后于北方的南方经济迅速得到提高。经济繁荣和相对安定的政局为发展造船及远洋航海提供了重要的物质基础。在秦汉造船业的基础上，三国时期的造船业又获得进一步发展。

三国时期，江东不仅是孙吴政权的根据地，也是中国历史上造船业最为发达的地区。孙吴在永宁（今浙江温州市）、横阳（今浙江平阳县）、温麻（今福建连江县）等处均设有"船屯"以发展造船业，并在建安设置了管理造船的职位——典船校尉。国内技术高超的造船工匠大都集中于吴越之地，

第三章 中国古代的交通工具

吴国造的战船,最大的上下五层,可载 3000 名战士。孙权乘坐的"飞云""盖海"等大船更是蔚为壮观。这些都说明了东吴造船业的高度发达。除此之外,还有许多构造精奇的古船,如最有名的温麻船屯造的"温麻五合"海船,并用五个大板组建而成,所以以"五合"为名。"晨凫"又称作"青桐大舡",就是诸葛恪造的"鸭头舡"。这些多选用上好硬木制造而成的大船具有十分坚固的优良性能。

西晋武帝司马炎在消灭蜀汉之后,为了尽快歼灭吴国,曾于泰始八年(272年)命大将王濬为益州刺史,负责在四川建造楼船,组成庞大的水军舰队。由王濬组织创建的大船,名叫"连舫",即把许多小船拼装成一艘,最大者方 120 步(一步是六尺),可以载 2000 多人,舱面上建有瞭望台,船上可以驰马往来,被称为前所未有的奇迹。而以造船业见长的吴国在灭亡时,被晋朝俘获的官船就有 5000 多艘,可见造船业之盛。到南朝时,江南已发展到能建造 1000 吨的大船。

为了提高航行速度,南齐大科学家祖冲之(429—500 年)"又造千里船,于新亭江试之,日行百余里"(《南齐书》卷五二)。这是一种装有桨轮的船舶,叫作"车船"。这种船以脚踏利用人力车轮的方式推动船的前进。虽然比借用风帆利用自然力的方法稍显笨拙,没有风帆利用自然力那样经济,但是这确实是有记载的最早采用机械动力推进船只的尝试,为后来船舶动力的改进提供了新的思路,在造船史上占有重要地位。

尽管就造船技术而言,北朝的北方稍逊于江南地区,但是,也有较为成熟的造船能力。北魏太武帝拓跋焘曾令"冀、定、相三州造船三千艘",说明其造船能力并不亚于南朝。

唐宋时期——我国造船业的第二个高峰

中国在造船业上出现的第二个高峰期就在唐宋时期。秦汉时期出现的造船技术，像是船尾舵、高效率推进工具橹以及风帆的有效利用等，到了这个时期，获得了充分发展和进一步的完善，许多更加先进的造船技术在这一时期得以创造实现。

公元581年，作为北周外戚的杨坚将年仅9岁的北周静帝宇文阐废立，自立为帝，国号隋，改元开皇，定都长安，是为隋文帝。隋文帝曾派大将杨素在永安（今四川奉节白帝东）营建各种战舰，最大的叫作"五牙"大战舰，上有五层，高逾百尺，左右前后共设置6个拍竿，高50尺，用以拍击敌船。可载士兵800人。稍小一点的"黄龙船"，也可装载百余名士兵。开皇七年（587年），隋文帝为了方便舟师运行疏浚了扬州境内的山阳渎，并派大将韩擒虎、贺若弼驻军庐江（今安徽合肥）、广陵（今江苏扬州）企图渡过长江消灭陈国。开皇八年（588年）10月，隋文帝下令攻陈，51万大军兵分八路出发，于公元589年（开皇九年）元旦大雾过江，攻占建康，俘陈后主，陈国就此灭亡，结束东汉末年以来近400年（中间有西晋短期统一）的分裂局面。

隋朝还建造了特大型龙舟。古代人认为龙是非常神圣的庞然大物，如能乘龙过海上九天就成神仙了。要过海，就得乘龙舟，中国的封建帝王都以真龙天子的身份自居，他们要借助龙威来加强自己对老百姓的控制和统治。他们在地上有巍峨华丽的宫殿，他们在水上就要乘坐凤阁龙舟了。隋炀帝在开通大运河之后，几次下江南，他所乘坐的龙舟，体势非常高大，共有四层，高4.5丈，长20丈，上层有正殿、内殿、东西朝堂等配置。中间两层有120个房间。

下江南的这些官船"饰以丹粉，装以金碧珠翠，雕镂奇丽"（杜宝《大业杂记》）。下层是内侍居住的地方。皇后乘坐的龙舟称为"翔螭"，相比皇帝所乘龙舟略小，不过在装饰上也极为奢华。船队中

隋炀帝龙舟队

还有高三层，称为"浮景"的水殿九艘，还有名为漾彩、朱鸟、苍螭、白虎、玄武、飞羽、青凫、凌波、五楼、道场、玄坛、黄篾等各种名号的大船数千艘。奴侍、诸王、公主、百官、僧尼、道士、蕃客众人按位品分别乘坐。另有一部分船装载帝后以下所有乘船人使用的物品。整整8万余挽船士才组成这样一支庞大的船队。其中挽炀帝龙舟的就几百人，挽"漾彩"级以上船的有9000人。这9000人被称作"殿脚"。十二卫士兵又乘船数千艘，自挽而行。

大业九年（613年）杨素之子礼部尚书杨玄感起兵黎阳（今河南浚县境）背叛大隋朝，进围东都，导致所有大小龙舟毁于一旦。大业十一年（615年）炀帝令江都宫监王世充再造龙舟等数千艘，且规格要远超旧船。只隔一年，大业十二年（616年）7月，龙舟就已造成并送至东都洛阳。可知隋代造船能力之强，技术之高，令人震惊不已。

要建造高数层的大龙舟船体，就需要大量的木料。木料的长度有限，这就要求把许多较为短小的木料连结起来。同时，船体的骨架与板之间，船体与上层建筑物之间的连结技术至关重要，稍有疏忽便为日后行船埋下隐患，所以在龙舟的结构强度中，非常重视连结技术。隋代大龙舟的连结方法是采用榫接结合铁钉钉连。用铁钉比用木钉、竹钉连结要坚固牢靠多了。隋代已广泛采用了这种方法。

隋炀帝贪图享受，穷奢极欲，征集大量的人力、物力，让老百姓苦不堪言。这种龙舟是他多次征发大批民工在江南采伐大木料建造的。为造龙舟，人民不堪苦役，死者十有四五。

到了唐宋时期，不管是船舶的数量还是质量，都彰显出我国造船事业的高度发展。换句话说，这一时期造船业的特点和变化，主要表现在以下几个方面：

一是船体更大，结构安排更加合情合理。船只越大，制造工艺也就越复杂。

唐代肃宗、代宗时，理财家刘晏为诸道盐铁转运使时，在扬子（江苏仪征）设10个造船工场，置专知官督办造千石大船。建造的船只逐年增多，仅明州

（今浙江宁波市南）、温州两地就每年可造各类船只600艘，不但造船数量日益增多，而且造船的工艺水平更加先进。大历贞元年间（766—805年）富商俞大娘有大船，这种船叫作"俞大娘"。江湖语曰"水不载万"，即指大船最多能承载八九千石的重物。然而"有俞大娘航船最大，居者养生送死嫁娶悉在其间。开巷为圃，操驾之工数百。南至江西、北至淮南，岁一往来，其利甚溥，此则不啻载万也。洪鄂之水居颇多，与邑殆相半，凡大船必为富商所有"（唐释玄应《一切经音义》）。"不啻载万"，即指差不多达到一万石的载重量了。"开巷为圃"是说船上可以种植花果、蔬菜。驾驶船只的工人就有数百人之多，我们可以想象"俞大娘"航船规模之大，真称得上是水上居民之乡了。

宋代所造普通的海舶叫"客舟"，"长十余丈，深三丈，阔二丈五尺，可载二千斛粟""每舟篙师水手可六十人"。内部有独特的水密舱构造。客舟一般分三个舱：炉灶与水柜主要安放在前一舱底；中舱分为四室；后舱高一丈余，四壁有窗户。"上施栏楯，采绘华焕而用帘幕增饰，使者官属各以阶序分居之。上有竹篷，平日积叠，遇雨则铺盖周密。"

宋朝为出使朝鲜建造的"神舟"，相比"客舟"而言，承载量要大很多。元丰元年（1078年）宋神宗派使臣安焘、陈睦往聘高丽，曾命人在明州建两艘大海舶，第一艘赐名"凌虚致远安济神舟"，第二艘赐名"灵飞顺济神舟"，自浙江定海而出。如此大而华丽的神舟是高丽人民首次所见，所以对此欢迎之至。宣和五年（1123年）宋徽宗再次派遣使臣去高丽，又在明州建造两艘巨型海舶，据史载，它们"巍如山岳，浮动波上，锦帆鹢首，屈服蛟螭"。再次受到了高丽人民的"倾城耸观""欢呼赞叹"。"神舟"大者可达五千料（一料等于一石）、五六百人的运载量，中等二千料至一千料，也可载二三百人。

客舟

还有记载称，宋朝有的大海船载重数万石，仅舵就长达三五丈。

二是造船数量和种类不断增多。

唐宋时期造船场明显增加。唐朝的造船基地主要在宣（宣城）、润（镇江）、常（常州）、苏（苏州）、湖（湖州）、广州等地。这些造船基地设有造船场，能制造各种大小河船、海船、战舰。唐太宗曾以高丽不听劝，强行攻击新罗为由，决定兴兵进攻高丽。命洪、饶（江西波阳）、江三州建造400艘船用来运载军粮。又命张亮率兵四万，乘战舰500艘，自莱州（山东掖县）泛海取平壤。由此可见，唐朝的造船能力不容小觑。

到了宋朝，东南各省都建立了大批官方和民间的造船场、造船坊，尤其是东南沿海的广州、泉州、明州、温州以及杭州等地都创建了制造海船的重要基地，这其中不但有官方的造船场，也有很多民间的造船场。每年都建造大量的船只，仅明州（浙江宁波）、温州两地每年造各类船只600艘。吉州（江西吉安）船场还曾创下年产1300多艘的纪录。宋朝时期，对各地造船数量都有相关规定。如宋哲宗元祐五年（1090年）就曾规定温州、明州等地每年定额建造船舶600艘。因此各地造船数量很多。南宋绍兴十年（1140年），福建安抚使张浚曾上书宋高宗说已在福州造了千艘大海舶，准备走海路直达山东海域，以便从侧翼对金兵进攻。大海中航行的船只除了战船还有很多民船，当然战船中也有很多是征发民船而来的。

中国历代专家，根据不同水域的地理特点，以及船的不同用途，因地制宜地设计和建造了许多不同类型的船只。经过春秋战国以来二三千年的不断发展、改进以及完善，到了这一时期，我国传统木帆船的主要种类——沙船、福船、广船都已形成了一定的规模。

中国古代的船型种类和名目繁多，但是大体上说，从船首形状来分，可以分成尖首和方首两大类；从船底样式来分，可以分成尖底和平底两大类。其中沙船是方头、平底船的代表；而福船是尖首、尖底船型的代表。

由于我国海岸线很长，从长江口北至黄河口多为沙滩，极易导致船只搁

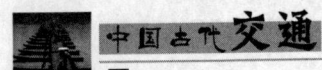

浅。为了克服这一地理障碍，古代劳动人民在长期实践的基础上制成了沙船。

沙船是我国最古老的船型，有着非常悠久的历史。早在出土的独木舟及甲骨文"舟"字就可以观察到它的平底、方头、方艄的特征。在山东日照等地遗留有许多船舟，传说是越王勾践由会稽迁都琅玡时遗留下来的船型。这称得上是沙船的前身了。根据相关考察得知，沙船产生于唐代，其优点是宜于行沙防沙，可安然"坐"在滩上。至明中叶后嘉靖初始才统称沙船。它有宽、大、扁、浅的特点，极具稳定性。

沙船的甲板面宽敞，干舷低，在浅水航道航行时，有较好的稳定性。船上采用大梁拱，使甲板能迅速排浪，船舱也采用水密隔舱结构。为了提高航速，大中型沙船都采用多桅多帆，且帆大多是密杆硬篷的长方形平衡纵帆。这种沙船早年在杭州湾以北的港口与内河沿海航线上较为常见。比如太湖一带渔民称沙船为"北洋船"。除此之外，沙船在南方江西、安徽、湖南、湖北等地也有使用，江南的稻米、丝绸等货物多用沙船北运。

福船和广船分别产生于福建和两广，因产地而得名，是适应我国南方海阔水深多岛屿的地理环境的两种船型，多走南洋深水航线。

福船船型首尖尾宽两头翘，对于破浪非常好用，尾封结构呈马蹄状，两舷边向外拱，有护板；板宽平，舱口连续，舷侧用对开原木厚板加固，强度较大，船舱是水密隔舱结构。有些福船船尾也是尖的，吃水深，稳定性好，并且容易转舵改变航向，便于在狭窄的航道和多礁石的航道中航行。还有些福船的舱是活水舱也叫浮力舱或防摇舱，随着船首或尾的上升或下降，活水舱中的水可流入或流出，减少船的摇摆，狭长的舵向前斜插。大桅上悬挂着用布制加筋的疏杆硬篷，帆型略呈三角形。福建本土盛产的松、杉、樟、楠木成了建造福船的主要木材。它们在杭州湾以南

沙船

第三章 中国古代的交通工具

的港口和沿海航线上较为多见。

广船船型首尖体长，吃水较深，梁拱小，甲板脊弧不高，有较好的适航性能和较大的续航力。船体结构横向是以密距肋骨与隔舱板构成；纵向强度依靠龙骨。荔枝木、樟木以及产于广东的乌婪木成为建造广船的主要木料。舵板上开有成排的菱形小孔，操纵省力，布质硬帆高悬其上，广船主要航行于我国南方港口和南海航线，同沙船和福船一样，也是我国古代的一种优良船型。

福船、广船历史悠久，由我国圆底或尖底首部尖削的独木舟发展而来，它们在唐代已发展成形，在运输、贸易中同样发挥巨大的作用。

宋代时，南朝的车船制造技术还获得继承与发扬。这种车船在唐德宗（780—805年在位）时由荆南节度使李皋复制成功。南宋时，车船已在水军中被大量使用。车船是一种战舰，它有两个木轮桨，每侧一个，一轮叫一车，以人力用脚踩踏，带动轮桨转动，使船行驶，可以达到很快的前进速度。史称"翔风鼓浪，疾若挂帆席"。古代船舶多是帆船，遇到顶风和逆水时行驶就很艰难，车船在一定程度上克服了这些困难。宋朝时，轮桨增多，有4轮、6轮、8轮、20轮、24轮以至32轮之多。

宋高宗绍兴二年（1132年），宋水军攻打洞庭湖的起义水军杨幺，共出动八车战舰两艘，小型车船海鳅舰20艘。交战中，汜江水落潮，宋军来不及撤退，大小车船及造船工匠高宣等一起被截俘。自此之后，杨幺起义军有了造车船的技术，仿造了大小车船数百艘。其中有24车的扬州载，32车的大德山等巨型车船共29艘。这些车船高二三层，可载千余人，最大的有32车。在此后与官军作战时，杨幺起义军的车船大显雄风。

宋高宗绍兴三十一年（1161年），宋金采石（今安徽马鞍山境内）之战中，车船成了宋军制胜的一个关键因素。

车船

知识链接

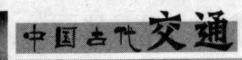

宋金采石之战

绍兴三十一年（1161年），金海陵王完颜亮率领60万大军（号称百万）进攻南宋，横越淮河，进迫长江。10月，金国东京留守曹国公完颜雍杀副留守高存福，自立为皇帝，是为金世宗，海陵王面临内忧。南宋方面，主导抗金大计的宰相陈康伯在危难之际烧毁宋高宗"如敌未退，散百官"的诏书，使高宗不得不下诏亲自带兵出征，全面抗敌。为推动抗敌计划，朝廷起用叶义问主持江淮，中书舍人虞允文参谋军事，汤思退主管临安。

11月8日，海陵王大军图谋由采石矶渡过长江，此时负责督军的主帅李显忠还没来得及赶到采石矶，只有被委任为督视江淮军马府的参谋军事虞允文刚到采石矶犒师，只可惜虞允文并不是武将出身，在军中影响甚微，采石矶形势危急。随行的人建议虞允文逃走，但虞允文执意要抵抗，进至采石矶。途中，虞允文遇到南宋残军1.8万人，他们个个士气低靡，零散坐在路旁，纷纷计划着怎么安全逃离战场。虞允文见状，立即亲自督师，鼓励士气，把散落在沿江各处无所统辖的军队迅速整合起来，沿江布阵。

这时，海陵王大军已经乘船开始渡江，他们以为采石矶无兵把守，因而并没有充分准备战事。等到他们的船快到长江南岸边时，才发现宋军已列阵相待，当地人民观战助威者十数里不绝。海陵王大军措手不及，事到如今，无法后退，只能前进。对阵中，宋军水兵所用之船大而灵活，较为稳便。而海陵王水军船只底平面积小，极不稳便，在宋船猛烈地冲击下，金兵大败，退回长江北岸。第二天，虞允文又派水军主动进攻长江北岸的

金军渡口。金军船只出港，宋军用强弩劲射，又使用船载霹雳炮轰击，把金军打得如落花流水一般迅速败退。完颜亮见渡江失败，只得退回和州。

采石之战南宋取胜，表明南宋的军事任命及部署是正确的，南宋最高军事指挥直接主持江淮作战，变被动为主动，为南宋抗金留下一抹亮色。

三是造船工艺越来越先进。

唐朝时期，造船技术遥遥领先世界上其他国家。

最突出的是广泛使用了榫接钉合（又称钉接榫合）和水密隔舱等先进工艺。

船的强度因钉接榫合的连接而获得很大的提高。建国之后，在江苏扬州以及如皋县相继出土的两条唐代木船都采用了榫接钉合技术，而扬州出土的船更采用了斜穿铁钉的平接技术，比如皋县出土的木船采用的垂穿铁钉的搭接技术更先进。而同一时期的欧洲国家的造船业，还在运用原始的皮条绳索绑扎的方法使船板相连。

水密隔舱的建设在唐代大海船中就较为常见。如皋县出土的唐代木船有九个水密隔舱。1974年福建省泉州湾出土的宋代木船也建有水密隔舱。水密隔舱使船的抗沉能力大大增强，尤其是使船体的横向强度得到扩增。它是由底部和两舷肋骨以及甲板下面的横梁环围而构成的一层水密舱壁。船中部以前的舱壁都安装在肋骨的前面，中部以后的舱壁皆装在肋骨的后面。这种安装方法可以防止舱壁移动，使船舷与舱壁板紧密结合，牢固地支撑着两

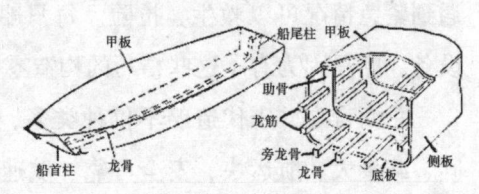

中国古代船体结构

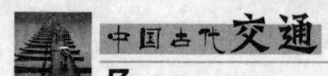

舷，使船体的横向强度得到增强。由于船的坚固性和抗沉力增强了，再多设船桅、船帆，就给远洋航行的顺利进行上了一把安全之锁。

唐昭宗（889—904年）时，久居广州的刘恂在其所著《岭表录异》中还记载岭南制造的商船不用铁钉，只用桄榔须制的绳索缚系船板，再用橄榄糖涂抹，糖干后，船板就会变得坚固光滑。桄榔须就是桄榔树叶上的须，粗如马尾，经过盐水浸泡过的桄榔须就会变得粗胀且坚韧无比。橄榄糖是把橄榄树枝叶上生的脂膏采集起来，与皮叶一同煎煮而成的。用这种东西涂抹船舶外壳，风干以后，坚如胶漆。这种不用铁钉的造船法确有创造性，尤其在缺乏铁钉和桐油的地方更有实际意义。这种方法的来源至今无法论证。一说是阿拉伯船只的造船法，一说是两广船只的造船法，也可能外国、中国都有这种造船法或类似的造船法。

宋朝造船修船已经开始使用船坞，并创造运用了滑道下水的方法，这比欧洲整整提前了500年。

宋代工匠还能根据船的性能和用途的不同要求，首先制造出船的模型，并按照画出来的船图，再进行施工。欧洲在16世纪才出现简单的船图，比中国落后了三四百年的时间。

唐宋时期建造的船体两侧下削，由龙骨贯串首尾，船面和船底的比例约为10∶1，船底呈V字形，也便于行驶。宋船头小，尖底，呈V字形，便于破浪前进。身扁宽，体高大，吃水深，所以受到横向狂风袭击仍保持稳定，同时，结构坚固，船体有密封隔舱，加强了安全性。底板和舷侧板分别采用两重或三重大板结构，船上多樯多帆，便于利用多面风。大船上又都设有小船，遇到紧急情况可以救生、抢险。每只船上都有大小两个锚。行船中也有探水设备。船只因为有了这些精巧的构造零件而对远洋航行中的安全增添了保证。

总而言之，宋代造船不仅种类多、体积大，而且还有工艺先进、结构坚固、载量大、航运快、安全可靠、航速快等诸多优点。从7世纪以后，中国远洋船队就开始频繁地出现在一望无际的大洋上。阿拉伯、波斯等地的外国

第三章 中国古代的交通工具

商人往来于东南亚和印度洋一带，都乐意乘坐中国大海船，并且用"世界上最先进的造船匠"之语来夸赞中国船工。这就与唐朝时，中外商人僧侣多乘外国"蕃舶"有很大的不同。足以表明，我国在宋朝时的造船业有了显著的发展与更加先进的航海技术。

明朝时期——我国造船业的第三个高峰

元代是我国造船业一个重要的承上启下阶段。

元代是一个幅员辽阔的大帝国。元的统一促进了海上交通的发展，为海上军事活动和大规模的海运漕粮奠定了基础，元代建造了大量船只，其数量、质量都非前代可以比拟。元代时期，阿拉伯人的远洋航行逐渐衰落，在印度洋上航行的几乎都是中国的四桅远洋海船。

元代古沉船

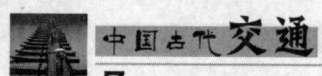

元朝初期仅水师战舰就已有1.79万艘。1234年，蒙古灭金，遂与南宋接壤对峙。水师是南宋防御蒙古军南下的重要力量，元军也大造舟船，加强水师。元世祖至元七年（1270年）下令造战船5000艘，操练水军七万人。元军在三年后在水战中取得了最终胜利，将久攻不下的襄樊拿下。元于是更知水师的重要，又下令增练水师五六万人，再造3000艘战船，仅这两次就造了战船8000艘。元十一年九月，元军水师从襄樊出击。元十二年七月，在焦山（江苏镇江北大江中）之战中，元军又大败宋军。从此之后，宋人再也无法组建一支像样的军队抗击元军。元水师乘胜出长江口，沿海南下。至元十三年（1276年）攻占南宋都城临安（今浙江杭州）而灭南宋。

元初，仅水师战舰就已有17900艘，还有无数民船分散在全国各地。至元二十二年（1285年），为济州河运粮，两次建造高达3000艘的粮船。元还在江海水陆要地设水驿站424处，共有邮递专用船5921艘。这些都充分说明元代有很强的造船实力。

意大利大旅行家马可·波罗返回意大利时搭乘的中国船远远优越于阿拉伯船。其船体庞大，竖四桅或二桅，张四帆，可以随意竖起或放下。船上有水手200人，足载胡椒五六千石。无风时，行船用橹，橹很大，每具须用橹手四人操作。冷杉木是其主要的造船木料，有坚固的主甲板，甲板下有60个小舱，人住在里边很舒适。舵也非常结实。船用好铁钉缝合，有两层板叠加于上，以麻和树油掺和涂壁捻缝，避免漏水。每只大船后曳两只小船，每小船有船夫四五十人，操桨而行，以助大船。另有10余只小船协助大船，以便处理如抛锚、捕鱼等事。

古代的中国在航海船舶方面处于世界领先地位，它的性能远远优越于阿拉伯船，载重量约在300吨，在继承宋代造船技术基础上又有所改进。元朝造船业的大发展，为明代建造五桅战船、六桅座船、七桅粮船、八桅马船、九桅宝船提供了非常重要的基础，迎来了我国造船业的新高潮。

明朝的造船技术和工艺又有了很大的进步，达到了我国古代造船史上的最高水准。明朝造船业的伟大成就，久为世界各国所称道，也是我国各族人民对世界文明做出的巨大贡献。

据相关资料表明，明朝时期造船的工厂分布之广、规模之大、配套之全，是史无前例，达到了我国古代造船史上的最高峰。明代造船场遍布全国，尤其以江苏、福建、湖广、浙江等地最为发达。主要的造船场有南京龙江船场、淮南清江船场、山东北清河船场等，它们都有非常大的规模。如南京龙江船场，是明太祖洪武年间首先发展起来的造船工业基地。这里的年产量就超过200艘，还以建造大型海船而著称。1957年在南京宝船场遗址出土一个全长11米多的巨型舵杆，是铁力木制成的，令人叹为观止。据舵杆上原有的榫孔推测，这支舵的高度为6.25米左右，足见郑和宝船的庞大。再如清江船场，有总部四处，分部82处，工匠3000多人，规模也甚为可观。明朝造船场有与之配套的手工业场，加工帆篷、绳索、铁钉等零部件，还有木材、桐漆、麻类等堆放仓库。当时造船材料的验收，以及船只的修造和交付等，也都有一套严格的管理制度。

明代时的郑和七次下西洋，正是基于如此雄厚的造船业。这一世界航海史上的壮举，标志着中国古代造船业的顶峰。

郑和下西洋乘坐的宝船主要是江苏太仓和南京两地建造，福州也建造了一部分。除了洪武初年建造的龙江船厂，后期还建有宝船厂（位于今江苏南京下关三叉河）。郑和下西洋就是以江苏太仓和南京为母港，由太仓、崇明出发航至福建福州闽江口五虎门扬帆出洋的。

郑和船队的宝船应归于沙船类型。大者长达44丈，宽18丈。明朝用的尺比我们今天的市尺短些，但即使按一丈合二米半计算的话，这种宝船的长度也超过100米，有九桅12帆，16橹至20橹，舵重4810公斤。

这只宝船比普通船只大几倍，造价之高"须支动天下一十三省的钱粮来，方才够用"。造船木料要在南京等地设园植树，并在全国征敛。造桅木要预先一二年限令闽广各省准备大量的木材待用。桅木之大，长达十丈一尺六寸，

郑和下西洋的宝船模型

根部周围要达到一丈一尺，木至九丈长处，周围还有二尺九寸粗。每得一木，统治者要派遣专业人员去现场反复勘测，查看是否合用。宝船的建筑气魄宏伟，其上建有"头门、仪门、丹墀、滴水、官厅、穿堂、后堂、库司、侧屋，另有书房、公廨之类，都是雕梁画栋，象鼻挑檐"，竟能同元帅府的规格相提并论。有目击者形容宝船"体势巍然，巨无与敌，篷帆锚舵，非二三百人莫能举动"。

除了宝船以外，郑和船队中即使是中等船，也有37丈长，15丈宽。还有的说，船上风帆有12张之多。当时先进的航海和造船技术包括水密隔舱、罗盘、计程法、测探器、牵星板以及线路的记载和海图的绘制等，应有尽有。郑和的第一次远航船队，据说就有62艘这样的船。

每次出洋除宝船外，还有其他船舰200余艘或数百艘不等。如马船（中型宝船，携带马匹、物品）、战座船（坐船，是大型战舰）、粮船（运粮及后勤物品）、战船（护航舰）等主体船舶。船队中还有辅助船，如水船（汲淡水）、捕鱼船等。在建造规模上，马船八桅，粮船七桅，坐船六桅，战船五桅。

明代不但有可以远洋航行进行海外贸易的沙船型"宝船"，还有在戚继光抗倭及郑成功收复台湾的战斗中大显神威的战船。

大福船的最下层装土和石块，这称之为"压载"。这种压载方式在北宋时已经出现，是用来保持船的平衡的。第二层是士兵活动场所。第三层是放船帆、锚等船上工具以及负责炊事的场所，第四层是露台，可安大炮、放弓箭。士兵都可以居高临下看清敌阵进行战斗。依靠风力推动前行的大福船，其威力在顺风顺水情况下更能充分发挥。

戚继光还造了很多种类的战船，如艚船（即舶艚船，形状像鸟，俗称鸟船）、开浪船（快船）等。

广船中产自东莞的"乌槽"和产自新会的"横江"也都是戚家军的主力战舰。据另一位抗倭名将俞大猷说，这两种船是富人所造，驾驶的船夫叫后生，船夫都是船主雇来的年富力强的人，这种船可载四五十人。富人用船四处贩运，南至琼州载白藤、槟榔等货，东到渤州载盐，从而获取巨额利润。这些船后来被戚继光征用，改造为优质战船用来抗倭。"乌槽"船底涂黑漆，船型上宽下窄，可发佛郎机（葡萄牙大炮），可掷火球。敌船遇火球即燃烧沉没；广船在敌船靠近时用其巨大船体与之相撞，通常可使敌船四分五裂。"横江"船上有6～16支橹，两根大桅，桅杆上设大小望斗，可同时供三四人瞭望监视敌情。望斗以藤作网，网外面蒙以犀革、兽皮、棉被，可防敌箭，船舷两侧有佛郎机大炮及霹子炮、神炮、火砖、灰罐、烟球等各种武器，全身皆炮，可旋转四环，首尾相运用，快捷勇猛无比。

戚继光抗倭的战船

明嘉庆年间，因为倭寇时常侵扰边境百姓，明统治者下令不再允许两桅船下海，实施海禁政策，于是正常航海贸易断绝。海商为了生活，冒死犯禁，变成武装海盗。隆庆、万历时只好放松海禁，航海业得到恢复，至明末出现郑芝龙海商集团势力。

明亡以后，郑芝龙归降清廷，其子郑成功则以金门厦门二岛为根据地，采取"通商裕国，以商养兵"的方针，维持数千艘战舰、18万军队的开销并不断壮大其力量。自1652年经营海运，郑成功集团筹集军饷器械，力量发展非常，多次率大型船队向北方袭扰，甚至一度溯长江而上，威胁南京。

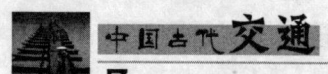

知识链接

郑成功小档案

郑成功（1624—1662年），幼名福松，本名森，字明俨，汉族，明末清初军事家，民族英雄。南明福王弘光时监生；唐王隆武帝赐国姓朱，封忠孝伯，更名成功，因而又称郑国姓、国姓爷；桂王永历帝封他为延平郡王，所以又称郑延平。荷兰等国家根据"国姓爷"的闽南语发音称之为"Koxinga"。郑成功是福建省南安市石井镇人（现分归晋江安海镇、南安石井镇），祖籍河南省信阳市固始县（当地有他的衣冠冢），明天启四年七月十四日（1624年8月27日）出生于日本九州平户藩。其父郑芝龙，原为海盗出身，后为南明将领，在中国东南沿海及日本、菲律宾等海域拥有非常强大的势力；其母为日本田川氏。

1646年清兵入闽，因父亲郑芝龙归降清政府，郑成功不管哭谏还是劝阻都没能成功，于是起兵，抗击清廷。以金门、厦门为根据地，连年出击粤、江、浙等地。

郑成功起兵抗清后的十多年，根据地仍然只以厦门、金门等沿海岛屿为主。但是，与此同时，海权完成掌控在他的手中，一方面深入内陆广设商业据点，开辟货源以和外国人贸易累积资金。另一方面以此募兵及进口盔甲、铳炮、刀剑等武器来筹备军力、军备；又以内陆的商业据点为基，发展情报组织洪门。

1659年，郑成功与张煌言合兵，进入长江围攻南京，兵败后退守厦门，所部元气大伤，并且面临军粮不足等一系列问题。为了解决大军的后勤给养，郑成功决定将大军开赴台湾。1661年，郑成功亲率将士二万五千、战船数百艘，自金门料罗湾出发，经澎湖，向台湾进军。

　　荷兰在台湾拥有两大防御要塞，一是位于大员的热兰遮城（Fort Zeelandia，今台南市安平古堡），二是位于台江内陆赤崁地方的普罗民遮城。四月初一（1661年4月30日），郑军经由鹿耳门海道进入台江内海并在禾寮港（今台南市北区开元寺附近）登陆，企图首先攻占防御薄弱的普罗民遮城（Provinta，今台南赤崁楼）。随后郑军在台江海域与荷兰军舰展开海战，击沉荷军舰Hector号，赢取台江内海控制权，并同时在北线尾地区击败荷兰陆军，以优势兵力包围普罗民遮城。不久，5月4日便迫使普罗民遮城守军出降。紧接着，郑军开始实行对热兰遮城由海、陆两面的长期围困政策。郑成功一度下令强攻热兰遮城，却遭遇荷军极顽强抵抗，郑军损失惨重。由于强攻不下，加之大军粮食短缺，使得郑成功被迫改变策略，派出大部分的军队至南北各地屯田、征收钱粮，以解大军缺乏粮草的燃眉之急，对热兰遮城改采长期包围的战略。

　　1661年8月，荷兰东印度公司从巴达维亚调遣的援军抵达大员，除了600多名士兵、十一艘军舰以外，增援部队也为热兰遮城带来大量补给品与火药。8月中旬，停泊于外海的荷兰援军遭遇强风侵袭，被迫离开大员海岸，前往澎湖躲避风雨；其中荷兰军舰Urck号搁浅，船上人员全部被郑军俘虏。9月中旬，荷、郑两军于台江内海展开激烈海战，郑军大获全胜，击沉一艘荷兰军舰，并夺取船只数艘，从此以后，荷军在台湾已经没有主动出击的实力。12月，德籍荷兰士官Hans Jeuriaen Rade叛逃，郑成功在其提供情报的帮助下，炮轰击毁热兰遮城的乌特勒支碉堡，使热兰遮城获得解放。1662年1月28日，荷兰大员长官揆一修书给郑成功，表示同意"和谈"。几经谈判，荷兰人终于1662年2月9日向郑成功屈服，退出台湾。

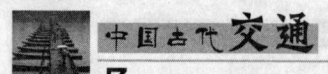

康熙即位后，黄梧向当权者鳌拜建议"平贼五策"，内容包括长达20年的迁界令，自山东至广东沿海二十里，断绝郑成功的经贸财源；沿海船只全部销毁，寸板不许下水；同时在宁古塔流徙处杀死郑成功的父亲郑芝龙；挖郑氏祖坟；移驻投诚官兵，分垦荒地。噩耗接连传来，导致郑成功在1662年6月23日急病而亡，年仅39岁。他死前大喊"我无面目见先帝于地下"，抓破脸面而死，葬台南近郊洲仔尾（今属永康市）。

郑成功的儿子郑经继续经营台湾，改东都为东宁。根据陈永华的提议，移植明朝中央官制，仍奉已死的南明永历帝为正朔。后因降将施琅攻克澎湖岛，因此，孙子郑克塽于1683年降清。1684年4月，台湾正式纳入清朝版图，隶属福建省，设台湾府。为免台湾民众起反抗之心，郑氏在台诸坟悉数于1699年迁葬内陆南安祖墓。

为了达到阻挠郑成功反抗清廷，切断大陆人民与郑成功接触的目的，清政府采取了短时期海禁的举措。顺治十二年（1655年）清政府颁布了禁海令。至顺治十八年（1661年）八月又下迁海令。自此之后，自辽东到广东，近海居民各移内地30里，烧毁房舍、物资，田地一片荒芜，民不聊生。沿海三五十里被毁为无人区。

康熙四十二年（1703年）清政府开始对造船业放宽了限令。商贾船许用双桅。其梁头不得超过一丈八尺，舵手等不得过28名；梁头一丈六七尺者，不得过24名；梁头一丈四五尺者，不得超过16名；梁头一丈二三尺者，不得过14名。

康熙五十六年（1717年），为了防止船只当中夹带海盗，清廷修订商船出洋贸易法，不准商船往南洋吕宋等处贸易。造船必须上报地方官亲验烙印，

"扬武"号木制巡洋舰

取船户甘结,并将所有船只丈尺、客商姓名、货物往来某处贸易,填写船单,并按月册报督、抚存案。规定每日每人准带食米一升,并余米一升,以防海风阻力。如果携带超出规定的米粮,查出入官,船户、商人一并治罪。如果把所造船只贩卖给外国人,那么建造此船的人都会处以斩立决的严重刑罚。所去之人留在外国,并将知情同去之人枷号三月,该督抚行文外国,令其将留下之人解回立斩;沿海官员如果遇到私卖船只、多带米粮、偷越禁地等事,隐匿不报,将会被从重治罪。

这一次次禁海延续到雍正五年(1727 年),前后共 10 年。此后,清代的造船业不但造船数量多,而在质量上也有所提高。清代海船在航海技术及运载能力上都有很大提高。至 18 世纪中后期,是清代远洋最强盛的时期,约有远洋商船 600 余艘,总运载能力可达 20 多万吨。在东南亚地区的航运力量仍居世界领先地位。至 18 世纪后期,在中英贸易中,中国仍处于领先地位。至此时,我国仍不失为具有航海实力的大国。

但同时期世界资本主义处于上升阶段,中国的封建经济却起来越衰朽。

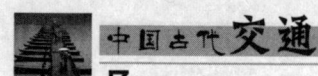

19世纪20年代后，中国经济一蹶不振，造船航海业进入停滞。特别是鸦片战争后，中国工业落后，商业萧条，农民破产，日益沦为半封建半殖民地国家，中国造船航海业渐趋衰落。

到欧洲资本主义兴起和现代机动轮船出现以后，我国在造船业上享有的长久优势最终消失殆尽。直到中华人民共和国成立后，中国的造船业才揭开了新的篇章。

图片授权

全景网

壹图网

中华图片库

林静文化摄影部

敬 启

本书图片的编选，参阅了一些网站和公共图库。由于联系上的困难，我们与部分入选图片的作者未能取得联系，谨致深深的歉意。敬请图片原作者见到本书后，及时与我们联系，以便我们按国家有关规定支付稿酬并赠送样书。

联系邮箱：932389463@qq.com

参考书目

1. 王子今．秦汉交通史稿．北京：中国人民大学出版社．2013．
2. 赵云旗．中国读本——中国古代交通．北京：中国国际广播出版社．2011．
3. 白寿彝．中国交通史．长沙：岳麓书社．2011．
4. 吴迪．古代车马．长春：吉林出版集团有限责任公司．2010．
5. 张锦鹏．南宋交通史．上海：上海古籍出版社．2008．
6. 郑若葵．中国古代交通图典．昆明：云南人民出版社．2007．
7. 阎宗临．中西交通史．桂林：广西师范大学出版社．2007．
8. 马小奇，张培东．辉煌科技——中国古代交通．北京：北京科学技术出版社．2005．
9. 王崇焕．中国古代交通．北京：商务印书馆．1996．
10. 周成．中国古代交通图典．北京：中国世界语出版社．1995．
11. 王崇焕．中国古代交通．天津：天津教育出版社．1991．
12. 王子今．中国古代交通文化．北京：三环出版社．1990．
13. 交通部中国公路交通史编审委员会．中国古代交通史话．北京：公路交通编史研究编辑室．1986．

中国传统民俗文化丛书

一、古代人物系列（9本）
　　1. 中国古代乞丐
　　2. 中国古代道士
　　3. 中国古代名帝
　　4. 中国古代名将
　　5. 中国古代名相
　　6. 中国古代文人
　　7. 中国古代高僧
　　8. 中国古代太监
　　9. 中国古代侠士

二、古代民俗系列（8本）
　　1. 中国古代民俗
　　2. 中国古代玩具
　　3. 中国古代服饰
　　4. 中国古代丧葬
　　5. 中国古代节日
　　6. 中国古代面具
　　7. 中国古代祭祀
　　8. 中国古代剪纸

三、古代收藏系列（16本）
　　1. 中国古代金银器
　　2. 中国古代漆器
　　3. 中国古代藏书
　　4. 中国古代石雕
　　5. 中国古代雕刻
　　6. 中国古代书法
　　7. 中国古代木雕
　　8. 中国古代玉器
　　9. 中国古代青铜器
　　10. 中国古代瓷器
　　11. 中国古代钱币
　　12. 中国古代酒具
　　13. 中国古代家具
　　14. 中国古代陶器
　　15. 中国古代年画
　　16. 中国古代砖雕

四、古代建筑系列（12本）
　　1. 中国古代建筑
　　2. 中国古代城墙
　　3. 中国古代陵墓
　　4. 中国古代砖瓦
　　5. 中国古代桥梁
　　6. 中国古塔
　　7. 中国古镇
　　8. 中国古代楼阁
　　9. 中国古都
　　10. 中国古代长城

11. 中国古代宫殿
12. 中国古代寺庙

五、古代科学技术系列（14本）
1. 中国古代科技
2. 中国古代农业
3. 中国古代水利
4. 中国古代医学
5. 中国古代版画
6. 中国古代养殖
7. 中国古代船舶
8. 中国古代兵器
9. 中国古代纺织与印染
10. 中国古代农具
11. 中国古代园艺
12. 中国古代天文历法
13. 中国古代印刷
14. 中国古代地理

六、古代政治经济制度系列（13本）
1. 中国古代经济
2. 中国古代科举
3. 中国古代邮驿
4. 中国古代赋税
5. 中国古代关隘
6. 中国古代交通
7. 中国古代商号
8. 中国古代官制
9. 中国古代航海
10. 中国古代贸易
11. 中国古代军队
12. 中国古代法律
13. 中国古代战争

七、古代文化系列（17本）
1. 中国古代婚姻
2. 中国古代武术
3. 中国古代城市
4. 中国古代教育
5. 中国古代家训
6. 中国古代书院
7. 中国古代典籍
8. 中国古代石窟
9. 中国古代战场
10. 中国古代礼仪
11. 中国古村落
12. 中国古代体育
13. 中国古代姓氏
14. 中国古代文房四宝
15. 中国古代饮食
16. 中国古代娱乐
17. 中国古代兵书

八、古代艺术系列（11本）
1. 中国古代艺术
2. 中国古代戏曲
3. 中国古代绘画
4. 中国古代音乐
5. 中国古代文学
6. 中国古代乐器
7. 中国古代刺绣
8. 中国古代碑刻
9. 中国古代舞蹈
10. 中国古代篆刻
11. 中国古代杂技